**Denise Chauvel**
Conseillère pédagogique

**Viviane Michel**
Conseillère pédagogique

# A la maternelle : des jeux avec des règles

### à faire ou à inventer pour développer l'intelligence

**EDITIONS RETZ**
2, rue du Roule - 75001 Paris

Une réalisation du Centre d'Etude et de Promotion de la Lecture

Les photos sont de :
**Jean-Noël Portanier**

Les dessins de :
**Claudine Pifféro**

Les maquettes de mise en page
et de couverture de :
**Ulrich Meyer**

© Editions Retz, Paris, 1984.

# Sommaire

**Chapitre 1**
*Les jeux traditionnels*

| | | âges | | |
|---|---|---|---|---|
| | | 3-4 | 4-5 | 5-6 |
| Introduction | 15 | | | |
| Jeu d'équilibre ou Badaboum | 17 | ■ | ■ | ■ |
| Les dominos | 19 | ■ | ■ | ■ |
| Le bilboquet | 22 | ■ | ■ | ■ |
| Le loto d'images | 24 | | ■ | ■ |
| Le memory | 26 | | ■ | ■ |
| Le jeu de puces | 28 | | ■ | ■ |
| Le mikado | 31 | | ■ | ■ |
| Le jeu de Kim | 32 | | ■ | ■ |
| Le puzzle par équipe | 33 | | ■ | ■ |
| Le tangram | 34 | | | ■ |
| Le petit train | 36 | | | ■ |
| Le bézette | 37 | | | ■ |
| Jeu de chevaux | 38 | | | ■ |
| Préliminaires au jeu de cartes | 40 | | | ■ |
| Le menteur | 41 | | | ■ |
| Le pouilleux ou Mistigris | 42 | | ■ | ■ |
| Le sac de patates | 43 | | | ■ |
| Jeu de bataille | 44 | | | ■ |
| La réussite | 46 | | | ■ |
| Le jeu des 7 familles | 48 | | | ■ |
| La marelle | 51 | | | ■ |
| Les cinq pions | 53 | | | ■ |
| Le solitaire anglais | 55 | | | ■ |
| Le solitaire à deux | 56 | | | ■ |
| Préliminaires au jeu de dames | 57 | | | ■ |
| Le jeu de dames espagnoles | 58 | | | ■ |
| Le loup et les brebis | 60 | | | ■ |
| Préliminaires au jeu d'échecs | 61 | | | ■ |

**Chapitre 2**
*Les jeux à thèmes*
créés en grande section (5 6 ans)

| | |
|---|---|
| Introduction | 63 |
| La robe en patchwork | 64 |
| Jeu de la piscine | 66 |
| La course d'escargots | 68 |
| Le jeu de football | 71 |
| Jeux de voitures : voyage, bataille | 73 |
| La bataille des bateaux | 77 |
| Le jeu de Pilotin | 79 |
| Le jeu de l'cie des princesses | 81 |
| La tour de la princesse | 83 |

## Chapitre 3
*Les créations individuelles*
(5-6 ans)

| | | | |
|---|---|---|---|
| Introduction | 85 | Jeu de Cécile | 96 |
| Bataille découverte | 86 | Jeu des chalutiers | 98 |
| Devine quelle couleur ? | 87 | Le jeu d'Indiens | 100 |
| Les tours | 88 | Le jeu de cow-boys et d'Indiens | 102 |
| Le puzzle à coups de dé | 89 | Le jeu d'Emmanuel | 104 |
| Jeu de cyclistes | 90 | Jeu de Benoît | 105 |
| Jeu de voitures | 92 | Jeu des animaux sauvages | 107 |
| Jeu de Sunnary | 94 | | |

## Chapitre 4
*Les jeux didactiques*

| | | âges | | |
|---|---|---|---|---|
| | | 3-4 | 4-5 | 5-6 |
| Introduction | 109 | | | |
| Le puzzle colin-maillard | 110 | | | ■ |
| Les coussinets | 112 | | ■ | ■ |
| Le trou et la forme | 114 | | ■ | ■ |
| Les cartes à tissu | 116 | | | ■ |
| La danse des maracas | 117 | ■ | ■ | ■ |
| Les pots à odeurs | 119 | ■ | ■ | ■ |
| Dé à couleurs | 121 | | ■ | ■ |
| Le loto-pressions | 123 | ■ | ■ | ■ |
| Le personnage | 124 | ■ | | ■ |
| La face cachée | 126 | | | ■ |
| Dés et formes | 127 | | | ■ |
| Le jeu des prises | 129 | | | ■ |
| D'un côté ou de l'autre | 131 | | | ■ |
| Le jeu du labyrinthe | 133 | | | ■ |
| La grille des chalutiers | 135 | | | ■ |
| Le jeu du poulailler | 137 | ■ | ■ | |
| Le petit Poucet | 139 | | | ■ |
| Le loto des chiffres | 141 | | | ■ |
| Le loto des lettres | 142 | | ■ | ■ |
| Le sac de lettres | 143 | | | ■ |
| L'atout-lettres | 144 | | | ■ |
| Le mistigris des lettres | 145 | | ■ | ■ |
| L'alphabet-circuit | 146 | | | ■ |
| Le memory-lettres | 148 | | | ■ |
| Le kim des lettres | 149 | | | ■ |
| Le portrait-lettres | 151 | | | ■ |
| Les plateaux de la balance | 154 | | | ■ |
| L'apprenti souffleur | 156 | | ■ | ■ |
| Oui ou non ? | 158 | | | ■ |
| Les répétitions | 159 | | ■ | ■ |
| Le téléphone | 160 | | ■ | ■ |

# POURQUOI LES JEUX AVEC DES RÈGLES ?

L'enseignant en proposant et en valorisant dans sa classe les situations de jeu avec des règles, utilise ce puissant ressort affectif pour atteindre les finalités et objectifs de l'école maternelle (I.O. du 2 août 1977).
Tout en n'oubliant pas que l'enfant reste libre à chaque moment de s'investir ou non dans le jeu, celui-ci permet.

**Du point de vue affectif**
— de se décentrer, progressivement, pour adopter le point de vue de l'autre et, ainsi, prévoir ses réactions (jeux avec stratégie) ;
— de vivre, grâce à la richesse des réseaux de communication créés, la position de leader à un moment ou à un autre ;
— de multiplier ses contacts avec les autres enfants car, très vite, les partenaires se choisissent par rapport à un intérêt commun pour un jeu et non plus en fonction de leurs liens affectifs ;
— d'apprendre à vivre l'entente, la collaboration aussi bien que l'opposition ;
— de découvrir la règle à travers une relation toute différente que celle qu'il connaît habituellement avec l'adulte : en la promulgant lui-même ; en y adhérant volontairement ; en la vivant entre égaux dans une situation de surveillance réciproque où chacun est simultanément contrôleur et contrôlé ;
— de permettre aux enfants difficiles d'établir une relation différente avec leurs camarades non plus basée sur l'intimidation et le rapport de force, mais sur le respect mutuel des conventions établies sans lequel aucun jeu n'est possible.

**Du point de vue moteur**
— d'évaluer ses compétences et d'être fortement motivé pour les dépasser ;

— de lui fournir l'occasion de perfectionner son habileté par la fabrication et la construction de ses propres jeux.

**Du point de vue cognitif**
« Par l'action et la réflexion conjuguées judicieusement sollicitées mais jamais forcées... » (I.O. 77) le jeu permet l'élaboration de certaines structures.

*Domaine opératoire :*
— notions dites « prénumériques » (classement, rangement, recherche de relations diverses) ;
— structuration du temps et de l'espace ;
— premiers éléments de logique à travers la résolution de problèmes simples (recherche d'une stratégie).

*Maîtrise des symboles* par la représentation des différentes règles de jeu en vue de leur remémoration.

*Expression et communication*, car il est essentiel dans le jeu de pouvoir expliquer une règle, commenter ou contester une phase de jeu.

*Connaissance de l'environnement*, pour parvenir à établir des comparaisons, des ressemblances et des différences (jeux sensoriels) et d'arriver ainsi à une observation plus fine.

## *Le rôle de l'adulte*

*Il dynamise le groupe... :*
— par son attitude d'écoute, d'accueil, d'encouragement, d'émerveillement devant les succès, de dédramatisation par rapport à l'échec ;
— par son implication dans le jeu, souvent comme simple joueur et n'ayant à ce titre ni plus ni moins de droits que les autres.

*Il observe l'enfant.* Au cours du jeu, qui est un moment gratuit où l'enfant joue pour le plaisir, l'adulte n'intervient pas ou peu : il observe les comportements de l'enfant, ses compétences et ses handicaps d'ordre affectif, langagier, opératoire, afin de lui ménager à d'autres moments des démarches plus rigoureuses, dans des situations différentes et avec un but précis.

*Il facilite le jeu par l'organisation de sa classe* en offrant un matériel varié ; en aménageant son local de façon à permettre à chacun d'accéder à tous les matériels ; en négociant avec les enfants les moments et les lieux consacrés aux jeux.

*Il aide à la construction progressive de la notion de règle :*
— en apportant des jeux courts à règle simple, claire pour tous, comme les jeux d'adresse : Badaboum, jeu de puces, bilboquet... ;
— en animant des jeux sportifs où les mêmes notions d'espace et de temps seront vécues par les enfants : jeu d'épervier, de marelle... ;
— en valorisant la création de nouvelles règles.

*Il favorise la créativité :*
— en permettant le détournement du matériel de ses fins habituelles ;
— en mettant à leur disposition un matériel de jeu sans en donner les règles de fonctionnement ;
— en incitant les enfants à se créer des variantes de jeux connus de tous.

*... et l'esprit critique,* en renvoyant le groupe face aux problèmes posés par la création de certains jeux, lui permettant par essais et erreurs de résoudre ces obstacles.

*Il enrichit les jeux des enfants* en variant :
— les types de jeux proposés (jeu sportif, jeu sensoriel, jeu de réflexion) ;
— les buts des jeux : arriver le premier mais aussi le dernier ; accaparer le plus d'éléments mais aussi s'en débarrasser ;
— les modes de rencontres entre enfants avec la possibilité de jouer seul, à 2, à 3, ou en grand groupe ; de vivre l'opposition, la coopération et même éventuellement les deux attitudes simultanément.

## Comment commencer ?

« Qui joue le premier ? Qui commence ? » « Qui a le rôle convoité ? »
C'est en général le meneur qui s'octroie d'office ce droit sans entraîner d'ailleurs de contestations.

C'est souvent lui qui a recruté les participants et qui organise le jeu en en choisissant l'emplacement, en plaçant les éléments du jeu, qu'il y ait distribution ou non de matériel.

Et il est fort possible qu'à part de rares jeux où finalement le rôle de premier est souvent déterminant pour gagner une partie (tel le mikado), les autres joueurs ne réclament rien à celui qui les entraînera et animera le jeu.

Pourtant, dans les jeux de grand groupe, quand l'adulte est meneur de jeu, les enfants ont tendance à se disputer pour être l'enfant choisi.

Aussi afin de se libérer de cette tâche, l'adulte peut instituer des rites qui plairont aux enfants et qui les feront artisans de ce choix.

Ce sont :

### Les comptines

C'est le rôle, trop souvent perdu aujourd'hui, des comptines. Certaines sont très connotées quant à leur finalité :
— en désignant l'élu par choix direct,
— d'autres, en éliminant progressivement tous les joueurs sauf un, qui sera élu.

La comptine, c'est le rite que l'on chante en chœur, où chacun est attentif à sa chance, à son rêve de se voir choisi d'une si agréable manière et qui, à la fois donne au jeu, avant qu'il n'ait commencé, son ton de bonne humeur et de fantaisie... jusqu'au jour où, pour certains enfants, quelques comptines assez courtes (comme « Ams, tram, gram », « une oie, deux oies, trois oies... ») deviennent elles-mêmes jeux de repérage : il leur suffit de repérer sur quel joueur commencer à chanter pour maîtriser le choix final de la comptine.

*Quand on est deux joueurs (ou deux grands groupes représentés par un élu) :*

**Dans quelle main ?** L'un des deux joueurs prend un petit objet (bille, vis, caillou...) qu'il cache aisément dans son poing sans que cela puisse être perceptible, puis cachant ses mains dans le dos, il place l'objet dans l'une ou l'autre, puis les tend, poings fermés, à l'autre joueur qui doit deviner quelle est la main renfermant l'objet.

**Chou-fleur** : les deux joueurs se placent face à face à une distance comprise entre 2 et 5 m. D'un commun accord, ils choisissent pour eux-mêmes le mot « chou » ou le mot « fleur ». Celui qui a choisi le mot « chou » commence à se diriger vers l'autre joueur en posant un pied contre la pointe du pied resté en arrière, tout en prononçant son demi-mot « chou », l'autre joueur lui répond par le demi-mot « fleur » en agissant de même et ainsi de suite, les joueurs progressent l'un vers l'autre, le but du jeu étant de poser son pied sur celui du joueur adverse.

**Pile ou face** : il suffit de disposer d'une pièce de monnaie.

*Quand on est plus de deux :*

**A la courte paille** : qui peut se jouer avec des pailles mais aussi avec des crayons...

**Avec des cartes** : sera élu, celui tirant la carte la plus forte ou la moins forte selon ce qui aura été décidé.

**De même avec un dé, un toton** : celui faisant le plus ou le moins de points au jet du dé ou à l'arrêt du toton sera choisi.

## Comment établir l'alternance des actions ?

C'est un problème que les enfants vont rencontrer très vite car, à part les jeux où les actions sont simultanées comme au jeu de Kim, aux puces, à la bataille, ou à de rares jeux où le choix d'un joueur détermine le suivant comme au jeu des familles, à la chandelle... en général il faudra adopter une chronologie dans les actions qui ne sera pas évidente au début. En effet, en observant les enfants en train de jouer et sans intervenir, on remarque que l'enfant ne jouera pas deux fois consécutives mais alternera son jeu au hasard avec l'un ou l'autre des participants, et de préférence avec celui qui se manifeste.

Dans les jeux à deux, l'alternance étant effective, le problème du « tour » ne se rencontrera pas, mais à partir de trois joueurs le manque de cohérence dans la rotation des joueurs gêne très vite le jeu, quant aux hésitations, aux récriminations et aux abandons qu'elle entraîne.

**L'adulte aide l'enfant**
— dans la prise de conscience, au sein du groupe : établir une chronologie des actions qui ne lèse aucun des participants. Ainsi à travers certains jeux de « récréation » comme la marelle, les jeux avec cordes, l'enfant apprend à attendre son tour, à se replacer « à la queue » après son passage : pour cette acceptation la structure en file est facilitante.

— dans l'établissement d'un sens de rotation des actions quand le groupe forme un cercle : ce sens de rotation peut être décidé à chaque jeu mais il est préférable, surtout au début, afin d'éviter les confusions, de garder le même en l'imageant (on tourne comme dans l'écriture des boucles... comme dans la ronde...).

C'est à travers le vécu des jeux en groupe et plus particulièrement ceux où l'alternance est vécue obligatoirement : tel le « furet » où l'on glisse un objet à son voisin direct, et grâce aux comptines où la pulsation du geste du compteur doit toucher sans omission chaque participant que s'installent progressivement ces notions de chronologie des actions.

D'autres jeux présentent, à propos du « tour » une difficulté d'un autre ordre, vécue parfois comme insupportable. C'est le cas du jeu de famille, des rondes à choix, de la chandelle où chacun doit accepter de n'être pas choisi, même par son meilleur ami. Pour minimiser les déceptions, il est souvent utile de faire éclater le jeu en 3, 4 jeux semblables, de faible effectif, ou de multiplier, à l'intérieur d'un même jeu le nombre des « électeurs ». Cela rend le jeu plus vivant et beaucoup moins frustrant.

## Gagner ou perdre

Pour que l'ambiance, au cours des jeux demeure agréable et saine, qu'elle ne véhicule aucune hargne, le fait de perdre doit être dédramatisé, ne pas être vécu comme un échec, mais comme une expérience provisoire permettant de progresser vers une victoire prochaine.
Par contrecoup il ne s'agit pas de dévaloriser le fait de gagner,

de spolier le vainqueur du plaisir de ce dénouement, mais d'amener l'enfant vers une acceptation des résultats, quels qu'ils soient, vers un équilibre de ses émotions et une complicité avec les autres joueurs afin que le jeu reste un jeu léger, gai, sans plus d'importance que l'instant vécu et aussitôt oublié.

**Rôle de l'adulte**
Par son attitude, l'adulte détermine fortement celle des enfants qui s'imprègnent de ses réponses. Aussi il lui faut être joueur le plus souvent possible, participer aux jeux des enfants comme simple joueur, n'ayant ni plus ni moins d'initiatives qu'un autre, et montrant à la fin de chaque partie une attitude positive, quelle qu'en soit l'issue :
— positive, par rapport à l'autre qui a gagné en le félicitant ;
— positive par rapport à soi s'il est vainqueur tout en réconfortant le perdant.
Autre que son attitude, le fait d'offrir à l'enfant de multiples occasions de jouer, et donc de gagner, permet de minimiser l'effet des résultats du jeu. Au contraire, plus le fait de jouer est exceptionnel, plus le dénouement est vécu intensément.

**Rôle de l'enfant**
S'il est difficile de perdre et que l'important c'est quand même de désirer gagner, alors les enfants trouvent en eux-mêmes leurs remèdes.
1. A travers leurs créations de jeux, ils démontrent que parfois il n'est pas nécessaire de « jouer contre », il n'est pas nécessaire qu'il y ait de perdant pour avoir le plaisir de jouer ; le fait de gagner se situe alors par rapport à la visée d'un objectif que l'enfant se fixe et non obligatoirement contre l'activité de tel adversaire.
2. En transformant la défaite en degrés relatifs de réussite, c'est-à-dire en partageant la victoire.
Dans le cas où la rapidité à remplir un contrat détermine la réussite et que le jeu s'arrête sitôt que l'un des joueurs a rempli les conditions de celui-ci, il est déclaré « premier à gagner » ; mais, bien souvent, le jeu se prolonge jusqu'à ce que les joueurs puissent se déclarer deuxième, énième gagnant. Dans le cas où la réussite est déterminée par la comparaison

terme à terme des différents éléments des gains, le premier étant celui qui en possède le plus ou le moins (selon le but du jeu), les autres joueurs, au lieu de se contenter d'élire le gagnant, continuent leurs comparaisons pour évaluer qui gagne en second, ..., y compris le dernier qui se déclare énième gagnant... Pourquoi pas ?

3. En choisissant ses partenaires afin qu'un équilibre existe entre eux et qu'il y ait chances équivalentes de réussite. En effet, pour qu'un jeu soit vivant, enthousiasmant il ne faut pas que le dénouement soit donné à l'avance et plus l'issue du jeu est incertaine, plus l'intérêt pour le jeu reste vif.

Aussi pour les jeux autres que ceux de hasard, certains réseaux de joueurs se créent, basés sur l'intérêt porté au jeu mais aussi sur la « force » virtuelle des partenaires entre eux. Mais malgré ces remèdes compensatoires, une des leçons du jeu c'est d'en accepter l'issue, même négative. « Etre bon joueur » c'est être capable :

— du point de vue affectif : de ne pas s'identifier au résultat du jeu quel qu'il soit et de considérer celui-ci comme définitif ;
— du point de vue cognitif : d'analyser les causes de l'échec et de chercher des moyens à mettre en œuvre pour se donner plus de chances de réussir ;
— du point de vue social : de comprendre qu'il faut partager les victoires aussi bien que les échecs, et comprendre le point de vue de l'autre.

## *Le jeu... quand ?*

De la même façon qu'une autre activité de l'école maternelle, le jeu s'intègre, dans la vie de la classe, à des moments privilégiés, choisis en fonction des besoins et des possibilités de l'enfant ; on rencontre :

1. *des moments collectifs, dirigés par l'adulte* qui anime le groupe classe en fonction des objectifs qu'il poursuit :
— des jeux sportifs tels : *l'épervier*, « *1.2.3. soleil* »...
— des jeux chantés et dansés : *M. l'Ours, train d'balais*...
— *des jeux à dominante langagière : le corbillon, le téléphone*...
— *des jeux d'attention et de réflexe : Jacques a dit..., le furet*...

**2.** *des moments où l'enfant a le libre choix de son activité :*
— dans la cour de récréation à l'occasion des *jeux de cordes, de billes, de marelles* et *de jeux sportifs* ;
— dans la classe, à des moments précis que l'enfant peut repérer dans le rythme de la journée :
. un créneau régulier, chaque jour ;
. un court moment lorsque l'enfant a terminé une tâche et qu'il lui reste du temps avant l'activité suivante.

*En effet, on ne joue pas n'importe quand, ni tout le temps.* Il ne faut pas que ces moments de liberté soient trop importants par leur volume dans une journée.

**1.** *parce que ces moments ne sont pas des moments silencieux :*
— qu'ils gênent des activités qui demandent concentration et calme ;
— que le niveau sonore ne peut être soutenu très longtemps pour l'équilibre des enfants. Réclamer le silence est un ordre parfaitement utopique : ce serait retirer au jeu une part de sa spontanéité, de ses élans affectifs qui se manifestent par des exclamations de joie, des refus, des colères, expressions que l'enfant a besoin d'extérioriser.

**2.** *parce que le plaisir de retrouver ces moments est d'autant plus grand qu'ils sont attendus.*

**3.** *parce qu'en réduisant le moment de jeu, plus d'enfants seront disponibles au même instant* et il sera plus facile à chacun de trouver un partenaire.

Ce qui ne veut pas dire que ces créneaux soient uniquement des moments réservés aux jeux de règles, ce sont des moments de liberté où chacun se dirige vers l'activité qui lui convient.

## *Les gages, les pénitences*

Pour certains jeux, il est quelquefois nécessaire, afin d'en augmenter l'attrait, d'utiliser les traditionnels « gages » ; par exemple pour des jeux comme : le furet, le portrait, le badaboum, le pouilleux, le menteur.

C'est le groupe, ou le meneur de jeu, qui décide du choix du « gage » à effectuer, de la « pénitence ».

L'imagination du groupe peut « offrir » une grande variété de « gages » qui peuvent être :

**Des exercices d'adresse :** il s'agit d'effectuer une action demandant de la concentration, mais réalisable par chacun.

**Des actions motrices plus ou moins cocasses :**
*La ronde* : le « pénitent » doit faire le tour des participants en se déplaçant de la manière décidée par le groupe.
*Le cache-tampon* : il s'agit de retrouver un objet connu en étant guidé seulement par un code oral.
*L'aveugle* : le joueur doit retrouver, les yeux bandés, simplement par toucher soit un objet désigné, caché avec d'autres dans un sac ; soit reconnaître et nommer un objet qu'on lui tend.

**Des jeux plus intellectuels :**
*Les bouts rimés* : style du jeu de corbillon ; trouver x mots qui se terminent ou qui commencent par tel phonème.
*Le pitre* : faire rire deux joueurs qui se trouvent sur leurs gardes ou les faire frapper des mains, ou tourner la tête ;
*Les métiers* : mimer un métier, un personnage que l'assistance doit reconnaître.

Les « gages » doivent être vécus dans la bonne humeur pour le groupe et bien sûr pour le « pénitent » comme une façon agréable de continuer le jeu.

Grâce au gage parfois, un perdant devient le vrai vainqueur, ainsi :

Anecdote : Christophe a introduit, à la suite du jeu de pouilleux, le gage suivant : « A chaque fois qu'on perd, on doit se déshabiller d'une chose. » Finalement on jouait beaucoup au « pouilleux déshabilleur » et le rôle du gage n'était pas à minimiser dans l'attrait que les enfants portaient à ce jeu, et l'on ne savait plus très bien, à l'air de jubilation de celui qui était dévêtu, qui était le vrai perdant !

Les enfants, grâce au gage, avaient inversé le but du jeu !

# Chapitre 1

# LES JEUX TRADITIONNELS

Dans ce chapitre les jeux sont classés approximativement par ordre de difficultés croissantes en rapport avec les âges.
Ces jeux « de société » joués à la maison sont apportés en classe soit spontanément, soit sur l'incitation de l'enseignant.
Dans un premier temps, des parties s'organisent librement avec ceux qui connaissent déjà ce jeu et peu à peu les règles se reconstruisent.

L'adulte est observateur, à l'occasion joueur, mais n'intervient pas, il « joue le jeu », en retient les ambiguïtés.
Dans un deuxième temps, les enfants concernés présentent le jeu au groupe. L'adulte intervient pour faire préciser les règles à l'aide d'un questionnement. Le jeu est alors organisé en équipe.
En général, ce jeu en grand groupe débloque les enfants qui n'avaient pas osé y participer. Les règles étant claires pour tous, le jeu y gagne en intérêt et l'afflux des joueurs provoque des conflits.
Parfois le propriétaire du jeu aggrave encore la situation par la pression qu'il exerce sur les joueurs : c'est lui qui choisit ses partenaires, qui mène le jeu et parfois s'autorise le droit d'arrêter une partie (cette situation peut parfois être utile à certains enfants timorés qui, à cette occasion, vivent le rôle de leader).
Au bout d'un certain temps, l'enfant « propriétaire » récupère son jeu, soit à la suite d'un conflit, soit pour le rapporter à la maison, il prive ainsi tout le groupe. Cette situation permet à l'adulte d'en proposer la fabrication, proposition souvent adoptée.

Ces jeux construits en commun au cours d'ateliers permettent à chacun d'apporter tous ses talents d'expression, de soin, d'attention : la fabrication permet à l'enseignant d'introduire des exercices de repérage, de graphisme...
En cours de réalisation, si les règles de ces jeux ne sont pas modifiées, parfois le vécu de la classe interférera dans la construction d'un jeu.

Exemples :
— suppression d'élément dans le jeu des familles (voir page 46) ;
— ajout de deux familles supplémentaires dans le jeu de bataille (voir page 44).
Il est remarquable que ces jeux où chacun a donné un peu de soi seront bien plus respectés que les jeux du commerce. Ils garderont un attrait particulier dont il serait difficile de déterminer la part affective.

# Jeu d'équilibre ou Badaboum

**Matériel**
— soit 1 jeu de Badaboum
— soit 1 jeu de 30 petits morceaux de bois, présentant un écart de taille de 1 à 5 et différenciés, au niveau de la section : ronde, carrée, triangulaire, hexagonale, etc. ;
— 1 socle plat ;
— 1 vingtaine de « jetons-témoins ».

**Objectifs**

  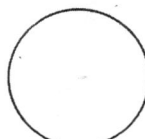 

**Joueurs** : de 2 à 4.

**But du jeu** : être le plus adroit ou le moins maladroit des joueurs.

**Déroulement du jeu**
— tirage au sort du 1er joueur ;
— le premier joueur choisit une des pièces du jeu et la dispose comme il l'entend sur le socle ;
— le deuxième joueur choisit une pièce à son tour et la pose en équilibre sur la pièce précédente et ainsi de suite pour les joueurs suivants ;
— à partir de la pose de la 5e pièce, celui qui déséquilibre la superposition prend un « jeton-témoin » et commence la construction suivante ;

Notion de « sur »
adresse

prise d'information au niveau des volumes, des surfaces, des formes, des poids

— quand un joueur totalise un nombre de jetons convenu à l'avance : par exemple 5 jetons-témoins, le jeu s'arrête et l'on compare les ensembles de jetons de chaque joueur. correspondance terme à terme
Celui qui en possède le moins est le gagnant.
En petite section et en moyenne section, on joue sans jeton et l'on gagne ou l'on perd à chaque empilage.

**Variantes**
*Exemples de variantes trouvées par les enfants*
— seul : essayer de reconstruire l'empilage photographié sur la couverture de la boîte de jeu (puzzle en volume) ;
— à 2 : chacun choisissant une pièce à son tour et faisant sa propre pile,
  . jouer à construire la tour ayant la plus grande hauteur ou
  . jouer à construire la tour possédant le plus grand nombre de pièces.

# Les dominos

**Matériel**
— 28 prismes rectangulaires plats divisés sur leur face en deux parties égales et portant sur chaque moitié un élément caractéristique qui peut être la couleur, la forme, la matière, le cardinal (nombre d'éléments : par exemple 3 fleurs et 3 fruits, etc.), la graphie, etc.
— il existe 7 « éléments » différents par série. Chaque élément est transcrit 8 fois et combiné avec chacun des autres éléments (y compris avec lui-même, ce qui forme un « double »).
Suivant le schéma

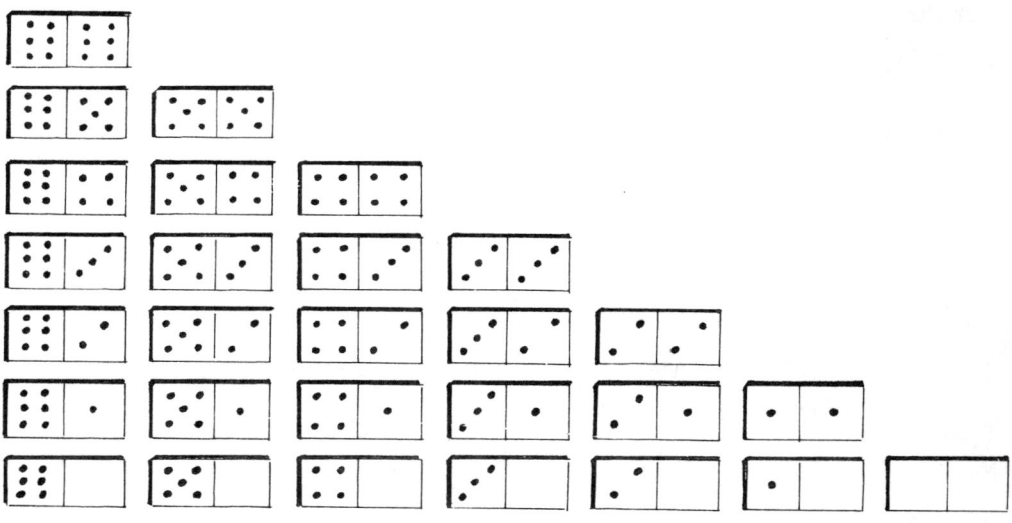

**Joueurs** : de 2 à 4.

**But du jeu** : se débarrasser le premier de tous ses dominos.

| | |
|---|---|
| **Déroulement du jeu** | **Objectifs** |

— retournement et mélange des dominos au centre de la table ;
— chaque joueur « pioche » le même nombre de dominos (5 pour 4 — 7 pour 3), les regarde sans les montrer aux autres participants ; notion d'équivalence
— le reste des dominos constitue le talon et demeure secret pour l'ensemble des joueurs (sauf pour celui qui sera, par le jeu, amené à les prendre) ;
— tirage au sort du premier joueur ;
— le premier joueur pose le domino de son choix sur la table, face visible ;
— le second joueur doit accoler à ce premier domino un des siens qui possède une demi-face identique, les deux demi-faces identiques se touchant ; notion d'équivalence<br>notion de topologie : voisinage
s'il ne peut le faire, il doit « piocher » dans le « talon » un ou des dominos, jusqu'à ce qu'il trouve celui correspondant à une des demi-faces ;
— les autres joueurs font de même ;
— s'il n'existe plus de « talon », le joueur « boude » son tour et dit : « Je passe. »
— Les dominos ne peuvent s'accoler qu'aux demi-faces situées aux extrémités de la chaîne ; structuration de l'espace
— la chaîne n'est pas obligatoirement rectiligne. Elle peut être coudée à l'endroit choisi par un des joueurs ;
— les « doubles » se placent traditionnellement en travers.

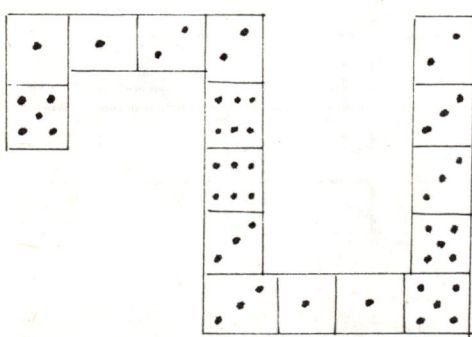

**Remarques**
Pour les petits, on facilitera le jeu en permettant :
. que la structure de chaîne ne soit pas une obligation et, ainsi, que la pose des dominos puisse se faire à n'importe quel endroit de celle-ci, à condition que le contact soit établi entre deux demi-faces identiques ;
. que l'on puisse jouer tous ensemble sans attendre son tour, ainsi tout le monde a gagné.

**Construction**
— sur carton : technique  pochoir  
                                tampon } de formes identiques  
                                collage
— sur le sol en terre : avec des empreintes
— sur bois : { pyrogravure / pochoir / tampons

**On peut aussi jouer aux dominos**
— avec des blocs logiques,
— en accolant, aux blocs posés précédemment, un bloc ayant une seule différence, que ce soit par : *la taille, la forme, l'épaisseur, la couleur* ;
— avec un jeu de cartes en accolant à la carte posée une carte ayant :

. *soit la même valeur :* exemple un roi de cœur à côté d'un roi de pique ;

. *soit appartenant à la même famille* mais de valeur immédiatement inférieure ou supérieure.

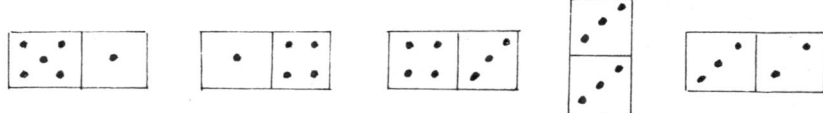

# Le bilboquet

| | Objectifs |
|---|---|
| **Matériel**<br>— 1 bilboquet de commerce (pour les 5 ans) ou 1 bilboquet fabriqué en classe avec :<br>— 1 grosse perle de bois, de métal, de terre ;<br>— 1 contenant : pot de yaourt plastique,<br>               ou goulot de bouteille plastique,<br>               coquetier de bois, etc.<br>— 1 boîte de jetons. | |
| **Joueurs** : de 1 à 6. | |
| **But du jeu :**<br>— enfiler le premier la boule après le bâton ou<br>— réussir le premier à mettre la boule à l'intérieur du contenant. | notion d'intérieur extérieur |
| **Déroulement du jeu**<br>Au signal, qui peut être la fin d'une comptine, chantée par les joueurs, chacun essaie de réussir l'exploit en ne se servant que de la main tenant le bâton ou le contenant ;<br>— aucun joueur ne doit toucher la boule avec la main laissée libre ;<br>— le premier à réussir l'exploit a gagné : il arrête le jeu ;<br>— si l'on joue en plusieurs coups, on peut en comptabiliser le nombre par des jetons (à chaque exploit le joueur gagnant prend un jeton) ; | adresse<br>jeu simultané |
| — à la fin du jeu, on compare le nombre de jetons des différents gagnants.<br>Celui qui en totalise le plus est le vainqueur. | comparaison d'E =<br>notion de :<br>plus que / moins que |

**Variante**
On peut jouer alternativement en comptabilisant le nombre de coups d'essais effectués avant de réussir par l'intermédiaire des jetons.
Chaque joueur enchaîne ses essais jusqu'à réussir, les autres s'occupent de comptabiliser ses essais.
En fin de jeu, on compare le nombre de jetons des joueurs. Celui qui possède le moins de jetons a gagné.

correspondance terme à terme
notion de :
plus que / moins que

# Le loto d'images

**Matériel**
2 séries semblables de 24 images dont :
— 4 séries de 6 images à coller sur 4 cartons ;
— 4 séries de 6 images à coller sur cartons individuels.
Ce jeu est constitué à partir d'images existantes ou ronéotées.
Editeur : CRP Nogent.

*Pour le vocabulaire*
— collection d'animaux, de fruits, de fleurs, de véhicules, etc. ;
— collection où l'on trouve des éléments d'un même objet ;
Exemple : éléments d'un vêtement, de la façade d'une maison, du gréement d'un navire ;
— collection où la différence entre les éléments porte :
. sur la qualité : couleur, taille,
. sur la quantité : cardinal de l'ensemble (nombre d'éléments),
. sur l'attribut, exemple : bottes, chapeau, sac pour un personnage,
. sur la position de l'élément dans l'espace carte, exemple : en haut à droite, au centre...

*Pour la syntaxe*
Collection où l'enfant, pour différencier les cartes, doit employer une phrase plus complexe et introduire une proposition relative en employant les conjonctions « qui », « où »... :
exemple de collection où la différence porte :
— sur l'action effectuée :
. j'ai trouvé la petite fille qui se réveille,
. j'ai trouvé le garçon qui se lave ;

*Les jeux traditionnels* 25

— sur le lieu où se trouve le sujet :
. à la mer, la montagne ;
— sur la position du sujet :
. sur, sous, devant, derrière...,
. sur le réfrigérateur, sous la table...

**Joueurs** : de 2 à 4.
*Position* : autour du jeu.

**Matériel**
— 4 cartons support de 6 images (dont chaque image sera unique) ;
— 24 cartes d'images s'appariant une à une avec celles des cartons supports.

**But du jeu** : réunir le premier l'ensemble des images représentées sur son (ses) carton(s) support(s).

**Déroulement du jeu**
— retournement et mélange des cartes en un « pot » situé au centre des joueurs ;
— tirage au sort, ou choix des cartons supports de façon à ce que chaque joueur en ait le même nombre ;
— tirage au sort du premier joueur ;
— le premier joueur tire du pot une carte, la retourne et l'énonce, exemple : « J'ai la petite fille qui se réveille » ;
— celui qui reconnaît cette image comme correspondant à une de celles de son (ses) carton(s), la demande et recouvre la partie identique de son carton support ;
— le second joueur tire à son tour une carte et l'énonce, et ainsi de suite jusqu'à ce qu'un joueur ayant réuni l'ensemble des images de son (ses) carton(s) support(s) arrête le jeu.

Peut se fabriquer avec 2 jeux de cartes en utilisant les figures : rois, dames, valets, as et les premiers éléments de chaque couleur : 2 — 3 — 4 — 5, etc., selon la maturité des enfants.

**Objectifs**

vocabulaire
syntaxe

notion de couple

notion d'appartenance ou de non-appartenance à un ensemble

# Le memory

**Matériel**
Il s'agit de constituer 2 séries identiques de cartes pouvant s'apparier deux à deux.
Selon l'âge des enfants, on utilisera un nombre de cartes variant de 8 à 20.
Le jeu pourra être constitué à partir
— *soit de matériel existant :*
. 2 jeux de cartes, dont les dos sont identiques (cela permet entre autres d'utiliser des jeux dont on a perdu certains éléments, et dont il suffit de recouvrir les dos) ;
. 1 jeu de lexicon ou de scrabble dont on choisit des éléments caractéristiques et adaptés aux possibilités des enfants ;
— *soit de matériel construit avec les enfants,* toujours avec un même dos, mais avec des faces faites de la façon suivante :
. à partir de 2 séries d'images identiques :
    découpées dans des revues, des bandes dessinées...
    achetées en série comme matériel scolaire,
    découvertes par les enfants dans les paquets alimentaires,
    dessinées par les enfants ou la maîtresse et ronéotées ;
. à partir de 2 séries de cartes recouvertes de papier peint, soit 2 séries de cartes recouvertes sur une face de 3 motifs de 3 couleurs différentes chacun. Ce qui donne 9 cartes de couleurs et de motifs différents.
18 cartes au total pour le jeu.

**But du jeu :** apparier des couples de cartes en plus grand nombre que l'autre ou les autres joueurs.

**Joueurs :** de 2 à 4.

**Objectifs**

**Déroulement du jeu**
— les joueurs déposent, faces cachées, l'ensemble des cartes du jeu en les disposant dans tous les sens, sur toute la surface de la table de façon à ce qu'elles ne se chevauchent pas ;
— tirage au sort du premier joueur ;
— le premier joueur retourne 2 cartes sur place ; si ces cartes forment un couple, il les garde ; sinon, il les repose face cachée au même endroit ; notion de couple
— le second joueur retourne la carte de son choix, puis cherche au hasard à retourner celle qui lui correspond ; au bout de plusieurs tours, les joueurs repèrent les emplacements des cartes retournées afin de pouvoir, en s'en souvenant, les apparier éventuellement ; stratégie : mémorisation
— quand toutes les cartes sont appariées, les joueurs comparent leur nombre de paires ; celui qui en possède le plus grand nombre a gagné. correspondance terme à terme

# Le jeu de puces

**Joueurs** : de 2 à 4.
*Position* : autour de la sébile.

**Matériel**
A acheter dans le commerce :
— 1 sébile ;
— 1 tapis de table ;
— pions par joueur :

1 grand
+
3 petits
{ ou rouges
ou bleus
ou jaunes
ou verts

**But du jeu** : mettre le premier ses trois petites « puces » dans la sébile.

**Déroulement du jeu**
— les joueurs choisissent ou tirent au sort une couleur et reçoivent dans celle-ci 4 puces : 1 grande + 3 petites ;
— les joueurs placent la sébile au centre de la table ;
— ils placent leurs petites puces devant eux, en ligne ;
— tirage au sort du premier joueur (par une comptine) ;
— les joueurs conviennent d'un sens de rotation du jeu pour déterminer l'ordre des joueurs ;
— pour le joueur, il s'agit de faire sauter dans la sébile une petite puce d'un bond avec le bord de la grande puce ;
— une puce n'ayant pas atteint son but (la sébile) doit être laissée à son point de chute : le joueur qui a manqué son but passe son tour ;

**Objectifs**

exploitations éventuelles mathématiques

notion d'ensemble (couleurs)
E des puces rouges
E des puces bleues
E des puces jaunes
E des puces vertes

notion d'ordinal

tris → ensembles couleurs
notion d'équivalence entre E
1 grande, 3 petites
« autant que »

notion de rang :
je joue avant, après

topologie :
intérieur, sébile extérieur

— au tour suivant, le joueur tente sa chance depuis cet endroit ;
— tout joueur qui fait sauter une puce dans la sébile a droit à un autre coup.

**Variantes grande section**
1. La cible pour puces
— remplacer la sébile par une cible avec rebords présentant plusieurs zones de difficultés croissantes jusqu'au centre en ménageant au moins 3 zones ;
— rechercher avec les enfants des contenants, en faisant varier :
. la forme des contenants,
. la hauteur de leurs rebords,
. leurs différentes tailles,
. leur nombre ;

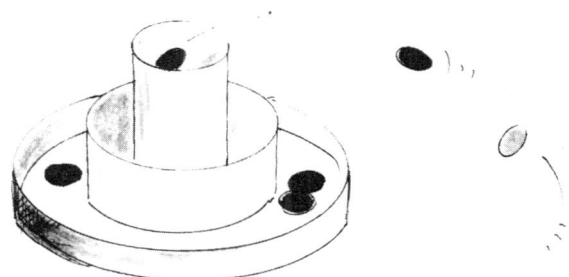

— après que les enfants ont trouvé une cible à zones jouables, décider avec eux de la valeur en pions à accorder à chaque zone :
. zone bleue : 1 pion,
. zone verte : 2 pions,
. zone rose : 3 pions.

**But du jeu** : posséder plus de pions que les autres joueurs.

**Déroulement du jeu**
Le jeu se déroule comme le jeu classique mais à la fin du jeu il y a échange entre chaque puce tombée dans telle zone, et sa valeur en pions correspondant à cette zone.
Quand chaque joueur a effectué les échanges, on compare les ensembles de pions des joueurs.

comparaison d'E
(correspondance terme à terme)

## 2. Le parcours de puces

Se joue sur un grand tapis au sol.
Après recherche et expérimentation par les enfants d'un circuit d'actions à effectuer avec les puces.
On constitue des courses de puces, en construisant autant de parcours qu'il y a de participants.

Exemple de parcours, la puce :
. doit sauter au-dessus de l'obstacle,
. puis au-dessous d'un autre,
. glisser sur un pan incliné,
. franchir une zone sans y tomber,
. et tomber dans une sébile.

**But du jeu** : mettre le premier sa puce dans la sébile en ayant franchi tous les obstacles.

structuration spatiale

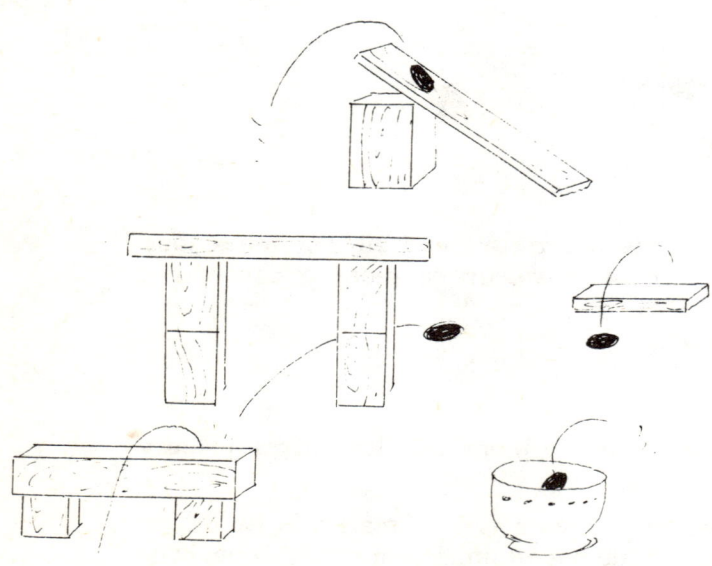

# Le mikado

**Joueurs** : nombre indéterminé à partir de 2.

**Matériel**
— 1 jeu de baguettes rondes d'environ 3 mm de diamètre et de 30 cm de longueur, taillées en pointe aux extrémités (avec un taille-crayons).
Elles sont :

| *soit peintes* | *vaut en pions* |
|---|---|
| . 1 jaune (roi) | 00000 |
| . 2 roses (reines) | 0000 |
| . 4 rouges (chevaliers) | 000 |
| . 8 vertes (valets) | 00 |
| . 10 bleues (soldats) | 0 |

*soit avec traits peints* 1 trait = 1 pion
— 1 centaine de pions.

**But du jeu** : réussir à s'emparer du plus grand nombre de baguettes possible et en particulier de celles qui ont une valeur supérieure en pions.

**Déroulement du jeu**
— tirage au sort du 1ᵉʳ joueur ;
— chaque joueur, à tour de rôle, essaie de prendre une baguette et continue sans faire bouger les autres,
 . s'il réussit, il garde cette baguette et continue à jouer,
 . sinon, il repose la baguette dans sa position initiale ;
— chaque baguette se saisit avec une main, ou les deux ;
— avec les baguettes jaunes, roses, rouges, il est possible d'extraire les autres, en s'aidant de celles-ci, et même en s'en servant pour faire « sauter » la baguette convoitée. Quand toutes les baguettes sont extraites on échange chaque baguette contre sa valeur en pions ; celui qui en a le plus a gagné.

**Objectifs**

comparaison d'ensembles
Correspondance terme à terme :
plus que...
moins que...

maîtrise de soi
concentration, adresse

au niveau du choix :
logique ;
réflexion :
quelle est la baguette la plus facile à saisir sans risque, la plus intéressante du point de vue de sa valeur en pions ?

# Le jeu de Kim

**Matériel**
— 1 jeu du commerce ou à fabriquer soi-même avec :
. 3 feuilles porte-diapositives plastifiées ;
. 3 séries identiques d'une trentaine d'images du commerce, découpées dans des revues ou ronéotées ; les images composant une série se différencient des images des autres séries :
   par un dos de couleur spécifique ;
   par une graphie placée uniformément au dos des images de cette série.

**Joueurs** : 2.

**But du jeu** : trouver le plus grand nombre d'images.

**Déroulement du jeu**
— toutes les images étant sur la table, chaque joueur prend une série d'images en les triant, par exemple : A prend les cartes aux dos rouges ; B prend les cartes aux dos bleus ; il reste les cartes aux dos verts qui constituent le « pot » ;
— chaque joueur se fait une pile des images de sa série ;
— chaque joueur prend 1 feuille porte-diapositives ; il en reste une pour le « pot » ;
— les images du pot sont posées, faces cachées, et mélangées ;
— chaque joueur, à son tour, y pioche une carte et la place dans un des dix emplacements de la feuille porte-diapositives du « pot » ;
— les joueurs observent les images mises en place dans le but de s'en souvenir ;
— d'un commun accord, ils retournent la feuille témoin ; ils ne voient plus les images ;

**Objectifs**

mémorisation
notion d'ensembles (séries A, B, C)
notion d'appartenance ou de non-appartenance
correspondance terme à terme
structuration de l'espace (GS)

— chaque joueur essaie de retrouver parmi les siennes les images identiques à celles de la « feuille témoin » et les place dans sa feuille porte-diapositives ;
— quand un des joueurs croit avoir fini de retrouver toutes les images, il arrête le jeu et retourne la feuille témoin ;
— chacun vérifie avec l'aide de son adversaire son propre jeu : les images erronées sont enlevées ;
— les joueurs comparent le nombre de cartes trouvées en faisant une correspondance entre celles-ci ;
— celui qui a trouvé le plus grand nombre d'images a gagné.

**Variante**
Pour les plus grands, on peut augmenter la difficulté en demandant de retrouver l'emplacement exact des images sur la « feuille témoin » (dans ce cas, réduire le nombre de cartes).

# Le puzzle par équipe

**Matériel**
— 1 puzzle par équipe ; chaque puzzle étant de difficulté similaire et ayant le même nombre de pièces.

**Joueurs** : de 2 à 4 équipes, chaque équipe ayant le même nombre de joueurs (entre 2 et 4).

**But du jeu** : pour l'équipe, reconstituer la première son puzzle.

**Déroulement du jeu**
— chaque équipe étant constituée, les puzzles sont tirés au sort (comme par exemple pour les parts de galette des rois), ou choisis par les partenaires ;
— au signal, qui peut être le mot final d'une comptine, les équipes essaient de reconstituer leur puzzle.

La première équipe à l'avoir fait arrête le jeu, et fait constater sa réussite.

**Objectifs**

moment juste

discrimination visuelle
reconnaissances d'indices
structuration de l'espace
notion de voisinage
notion d'équivalence

# Le tangram

**Matériel**
— 1 tangram par joueur à fabriquer.
Afin de les différencier, découper les tangrams dans des cartons de coloris différents suivant ce schéma.

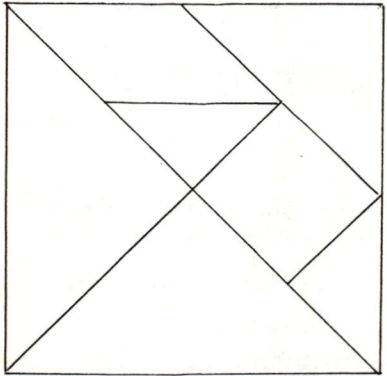

**Préliminaires au jeu**
Dans un premier temps, les enfants manipulent librement les formes du tangram, construisent des assemblages figuratifs ou non, à leur idée.
Dans un deuxième temps, certains de ces assemblages vont être choisis comme modèles et collés sur carton, la seule règle étant que les pièces se touchent sans se chevaucher ; et les enfants essaieront de reconstruire ces modèles.

Exemple :

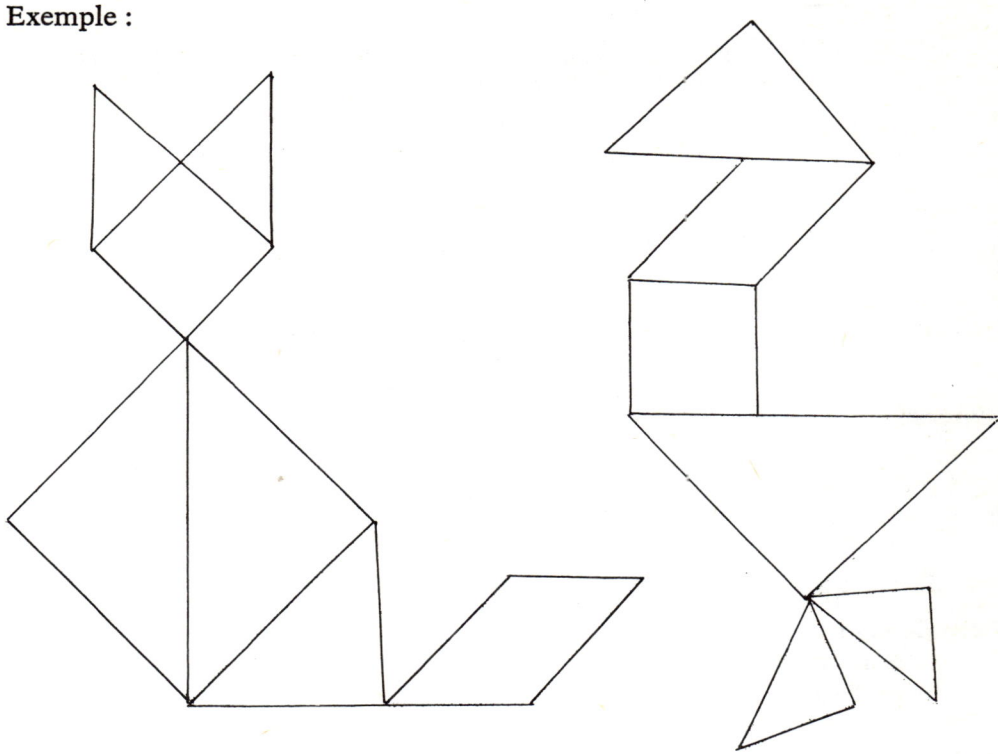

**Joueurs** : de 2 à 4.
*Position* : côte à côte.

**But du jeu** : reconstituer le premier un assemblage désigné.

**Déroulement du jeu**
— chaque joueur prend un tangram ;
— tirage au sort par un des joueurs de l'assemblage à reconstruire et exposition de celui-ci sur la table devant les joueurs ;
— au signal, chaque joueur essaie, avec ses formes, de reconstituer ce modèle ;
— le premier joueur ayant terminé arrête le jeu et montre sa construction ;
— si elle est reconnue conforme, le joueur a **gagné**.

**Objectifs**

structuration de l'espace
notion de formes
topologie : voisinage
notion d'équivalence

# *Le petit train*

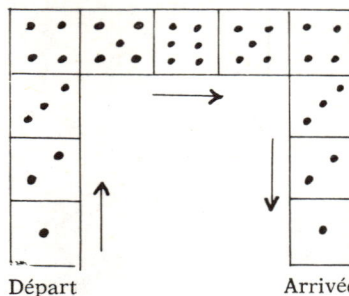

Départ            Arrivée

**Matériel**
— 1 planche « petit train » à fabriquer ;
— 2 dés de 1 à 3 (sur chaque dé 2 faces de 1, 2 faces de 2, 2 faces de 3) ;
— 1 pion (différencié) par joueur.

**But du jeu** : arriver le premier à la case ▫ d'arrivée.

**Objectifs**

**Déroulement du jeu**
— tirage au sort du premier joueur ;
— à tour de rôle chaque joueur lance les 2 dés en une seule fois par coup ;
— il s'agit d'avancer de case en case, depuis la case de départ jusqu'à celle de l'arrivée, sans sauter de case.

Pour avancer chaque joueur peut utiliser le jet de dés de deux façons :
— soit en ne s'intéressant qu'à un des deux dés,
— soit en additionnant les points des deux dés.

notion d'égalité
addition

Pour aller sur la case ▫ il faut qu'il y ait 1 dé qui marque ▫ .

Pour aller sur la case ▫ il faut qu'il y ait :
— soit 1 dé marquant ▫ ;
— soit par addition de points des 2 dés ▫ + ▫ et ainsi de suite...

Si le jet de dé ne donne aucun point correspondant à la case le joueur passe son tour.

# La bézette

**Matériel**
— 3 dés de 1 à 6 ;
— 1 baguette verticale fixée sur un pied ;
— des anneaux ou des rondelles percées
de trous de diamètre légèrement supérieur à la baguette.

**Joueurs** : de 2 à 4.

**But du jeu** : se débarrasser le premier
de tous ses anneaux (ou rondelles).

**Déroulement du jeu**
— tirage au sort du 1er joueur,
. le premier joueur distribue à chacun des joueurs un nombre égal d'anneaux (rondelles) ;
— chaque joueur à tour de rôle lance les 3 dés simultanément et à chaque coup :
. chaque as lui permet d'enfiler 1 anneau,
. chaque 6 lui permet de donner 1 anneau à son voisin de droite,
. enfin, le jeu « 6.5.4 » lui permet d'enfiler sur la tige tous les anneaux qu'il possède sauf 1 ;
— le premier à s'être débarrassé de tous ses anneaux a gagné.

**Objectifs**

correspondance terme à terme entre les différents ensembles d'anneaux

mémorisation d'actions à effectuer

notion topologique :
notion de droite
notion de gauche
et recherches d'indices
— nombre d'as
— nombre de 6
— visualisation globale de la combinaison 654

# Jeu de chevaux

**Joueurs** : de 2 à 4.
*Position* : autour de la planche.

**Matériel**
— 1 planche chevaux ;
— 1 dé ordinaire ;
— 2 chevaux par joueur (couleurs correspondant aux écuries).

**But du jeu** : arriver le premier dans la case n° 6 au centre de la planche.

**Déroulement du jeu**
— tirage au sort du premier joueur (par une comptine) ;
— chaque joueur joue à tour de rôle ;
— le jeu se déroule de gauche à droite ;
— chaque joueur lance le dé et doit faire 6 pour sortir un cheval de son écurie et le placer sur sa propre case de départ, et il rejoue.
— au cours du jeu, chaque fois qu'on tire un 6, on rejoue ;
— après l'avoir fait sortir de son écurie, chaque joueur fait avancer son cheval du nombre de cases correspondant au nombre de points sur le dé ;
— chaque joueur doit effectuer un tour complet avant d'arriver sur les cases numérotées ;
— tout joueur qui dépasse la case noire précédant les cases numérotées doit rétrograder du nombre de points qui lui reste à faire ;
— pour pénétrer dans les cases numérotées, il faut tirer le même nombre de points que l'indique le chiffre de la case

**Objectifs**

éventuelles exploitations mathématiques

notion d'ordinal : je joue le 1$^{er}$, le 2$^e$, le 3$^e$

relation d'équivalence

notion de cardinal

structuration de l'espace

*Les jeux traditionnels* 39

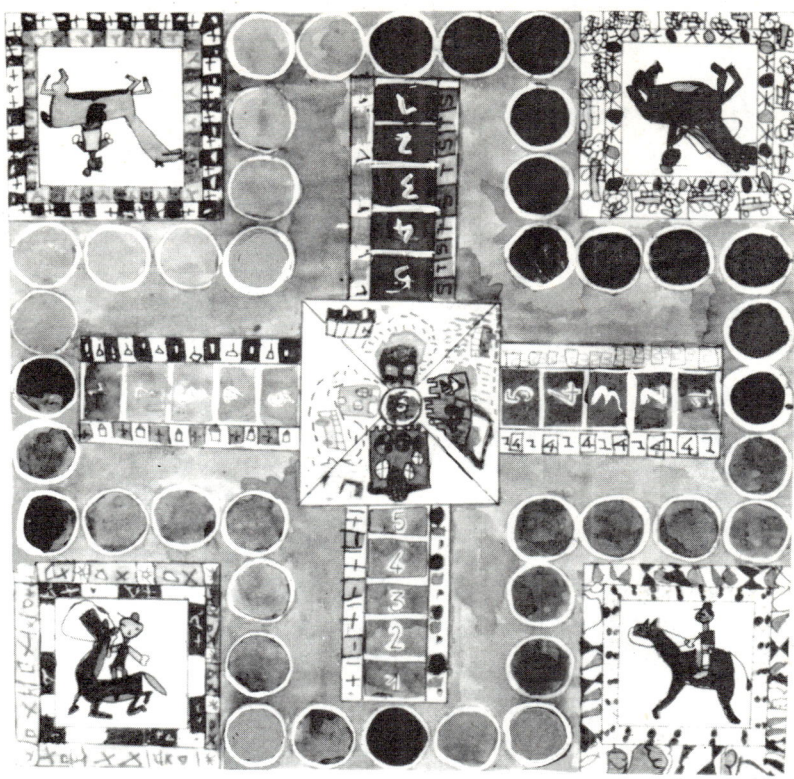

convoitée, d'abord 1, puis 2... jusqu'à 5, à partir du point noir, c'est-à-dire les franchir l'une après l'autre et dans l'ordre 1.2.3...; chaque joueur peut faire courir 1 ou 2 chevaux;
— tout joueur qui en rattrape un autre sur le parcours ne peut jouer si le nombre de points qu'il va faire doit l'amener à dépasser son adversaire;
— par contre, si le nombre de points qu'il tire l'amène sur la case de l'adversaire, il prend la place de celui-ci : il le « déquille »; topologie : intérieur de la même case
— tout cheval déquillé retourne à son écurie;
— tout cheval pénétrant dans les cases numérotées est à l'abri d'un déquillage éventuel.

**Remarque** : les règles de ce jeu n'ont pas été transformées : les enfants les ont apportées; l'intérêt réside dans la fabrication du matériel par les enfants.

## *Préliminaires au jeu de cartes*

Le mot « préliminaires » n'est pas tout à fait exact, car ce sont les jeux eux-mêmes à base de cartes qui motivent les enfants. Tous ces jeux de cartes (32 ou 52) tel *le menteur, le pouilleux, la bataille, le sac de patates, la réussite*, seront doublés avec profit par des exercices de tris :
— avec 1 critère :
. formation de l'E des cartes rouges,
. formation de l'E des cartes noires,
. formation d'ensembles par famille, par exemple, l'E des trèfles, l'E des cœurs,
. formation d'ensembles à partir des différentes valeurs de cartes : E des rois, E des As ;
— avec 2 critères : tableau à 2 entrées

| ✓ | As | R | D | V | 10 | 9 | 8 | 7 | 6 |
|---|----|---|---|---|----|---|---|---|---|
|   |    |   |   |   |    |   |   |   |   |
|   |    |   |   |   |    |   |   |   |   |
| ♠ |    |   |   |   |    |   |   |   |   |
| ♣ |    |   |   |   |    |   |   |   |   |

qui permet, entre autres, de repérer une carte manquante... ce qui peut devenir un jeu !
En début d'année, surtout, et en grande section, on jouera plutôt avec un jeu de 52 cartes d'où l'on retirera les cartes ayant les valeurs suivantes : 10, 9, 8, 7, 6 ; on gardera les personnages et les valeurs AS, 2, 3, 4, 5.

*Les jeux traditionnels* 41

# Le menteur

**Matériel**
— 1 jeu de 52 cartes.

**Joueurs** : de 2 à 4.

**But du jeu** : ne plus avoir de cartes en main.

**Déroulement du jeu**
— tirage au sort du premier joueur ;
— le premier joueur distribue la totalité des cartes entre les différents joueurs ;
— le premier joueur pose une carte de son choix au milieu du jeu, face visible en annonçant la famille, par exemple : « trèfle » ; chaque joueur, à tour de rôle, pose par-dessus une carte, face cachée ; à partir du 3e joueur, chaque joueur suivant peut :
— soit poser une carte de son choix, face cachée au-dessus de la précédente, en annonçant le nom de la famille demandée (sans pour autant que cette carte soit de cette famille),
— soit annoncer « menteur » en s'adressant au joueur précédent et alors retourner cette dernière carte ;
deux cas se présentent alors :
. ou bien cette carte appartient à la famille demandée : le joueur ramasse comme pénalité la totalité des cartes posées sur la table,
. ou bien cette carte n'appartient pas à la famille demandée et le joueur précédent qui a « menti » en la déposant ramasse cette somme de cartes.
— Le joueur ayant ramassé le paquet de cartes relance le jeu en déposant la carte de la famille de son choix, face visible ;
— c'est le joueur qui n'a plus de cartes le premier qui a gagné ; la partie se termine quand un joueur ramasse la totalité des cartes du jeu ; il a perdu et peut recevoir un gage.

**Objectifs**

notion d'ensemble d'appartenance à un ensemble ou de non-appartenance

# Le pouilleux ou Mistigris

**Matériel**
— soit 1 jeu de 52 cartes,
. retirer les 7, 8, 9, 10 en moyenne section et début de grande section et le valet de trèfle,
— soit 1 jeu de mistigris du commerce, ou fabriqué en classe à partir de l'intérêt du moment.

**Objectifs**

**Joueurs** : de 2 à 6.

**But du jeu** : ne pas être le dernier joueur à tenir le pouilleux entre les mains.

**Déroulement du jeu**
— tirage au sort du 1er joueur ;
— distribution des cartes, une par une, par le premier joueur, faces cachées ;
— chaque joueur regarde son propre jeu et confectionne des mariages en accouplant les cartes deux à deux ;

Exemple : pour le jeu de 52 cartes, accoupler les cartes par valeur et couleur ;   5 ♣   et 5 ♠

— les mariages formés sont déposés faces visibles sur la table ;
— quand les joueurs n'ont plus la possibilité de faire des couples, le premier joueur fait tirer au joueur suivant une de ses cartes restantes, faces cachées ; ce dernier essaie, avec cette nouvelle carte, de créer un mariage ;
— de même pour les joueurs suivants ;
— les joueurs n'ayant plus de carte ne jouent plus ;
— le dernier joueur à avoir une carte en main, le pouilleux, a perdu.
Les autres joueurs peuvent lui attribuer un gage.

notion de couple

# Le sac de patates

**Joueurs** : 4.
*Position* : en carré.

**Matériel**
Les personnages du jeu de 32 cartes + les as : 4R, 4D, 4V, 4A.

**But du jeu** : rassembler le premier entre ses mains l'ensemble de 4 cartes de même valeur soit : E (ensemble) des 4 rois ; E des 4 valets.

**Déroulement du jeu**
— tirage au sort du 1ᵉʳ joueur ;
— le donneur trie les cartes utiles au jeu, du reste des cartes ;
— les cartes restantes forment talon et serviront de pénalité ;
— le donneur distribue les cartes une par une aux quatre joueurs (dont lui-même) ;
— le donneur tend une des cartes de son jeu au joueur suivant ; pour cela, il choisit par rapport à son but une carte qui ne l'intéresse pas ;
— le joueur suivant, muni de cette nouvelle carte, en observant son jeu, choisit d'éliminer lui aussi une de ses cartes pour la donner au joueur suivant... et ainsi de suite ;
— le premier joueur à rassembler entre ses mains l'ensemble des 4 cartes de même valeur tape sur la table ;
— aussitôt les autres joueurs l'imitent ;
— le dernier à frapper la table doit prendre la première carte visible du talon et la mettre de côté : c'est une carte-pénalité ;
— le perdant est celui qui totalise le plus de pénalités après avoir fait une comparaison terme à terme.

**Objectifs**

notion d'ensemble fini
E définis en compréhension
définis en extension

notion d'appartenance à un E et de non-appartenance

notion d'équivalence : on reçoit chacun autant que »...

cardinal = 4

notion de rang : le premier, le dernier

# Jeu de bataille

**Joueurs** : 2.
*Position* : face à face.

**Matériel**
— 1 jeu de 32 ou de 52 cartes.

**But du jeu** : s'adjuger la totalité des cartes du jeu.

**Déroulement du jeu**
— tirage du donneur : celui qui tire la carte la plus forte « donne » ;
— le donneur bat les cartes, les fait « couper » à l'adversaire ;
— le donneur les distribue une à une en commençant par l'adversaire ;
— les cartes sont distribuées, côté revers jusqu'à la dernière ;
— chacun rassemble son paquet en un tas régulier et sans prendre connaissance des cartes ni en modifier la succession ;
— l'adversaire retourne alors sur la table la première carte de son paquet (celle qu'il a reçue en dernier), puis le donneur en fait autant ;
— celui des deux qui a la plus forte carte ramasse la levée et met les deux cartes sous son propre paquet ;
— l'ordre de force des cartes est le suivant : l'as étant la carte la plus forte : AS ; R ; D ; V ; 5 ; 4 ; 3 ; 2 ;

— les couleurs  n'ont pas d'importance ;

**Objectifs**

structuration du temps
alternance dans la distribution
simultanéité dans l'action du jeu
comparaison d'ensembles
correspondance terme à terme
notion d'ordre, de rang, de valeur

— lorsque deux joueurs sortent des cartes de même valeur, on dit qu'il y a « bataille » ; dans ce cas les deux joueurs recouvrent leur propre carte par :
. 1 carte côté revers (la rançon),
. 1 carte côté figure qui déterminera le sort de la bataille,
. le vainqueur de la bataille place le tout sous son paquet ;
— la victoire échoit au joueur qui s'est adjugé la totalité du jeu.

**Création au niveau du groupe classe.**
Incitation : nous savions jouer à la bataille, mais n'avions pas de cartes du jeu en classe.
Lors de l'exécution du jeu, il y eut tant de réalisations de belles cartes que nous avons renoncé à en choisir quelques-unes parmi toutes nos productions ; alors aux familles traditionnelles nous avons ajouté celle des fleurs et des papillons.

Etant très sensibilisés par les contes et les spectacles de marionnettes que nous préparions alors, notre jeu nous parut incomplet sans l'apparition du chevalier (ou prince) ; l'ordre de force des cartes est AS — R — D — CH — V — 5 — 4 — 3 — 2.

# La réussite

**Matériel**
— 1 jeu de 32 cartes ;
— 1 grille : tableau à double entrée avec, en ordonnée, les familles, en abcisse, les valeurs, AS, roi, reine...

**Joueur** : 1 (comme le nom du jeu l'indique).

**But du jeu** : réussir à placer sur une grille toutes les cartes du jeu.

**Déroulement du jeu**
— le joueur pose, faces cachées, les cartes dans chacune des cases du jeu en suivant la progression : de gauche à droite et de haut en bas, en revenant à gauche et cela en évitant la colonne des as qui doit rester vide en ce début de jeu (exemple : ici on commence par la case roi) ;
— en posant 1 seule carte par emplacement.

Quand le joueur a posé ainsi les cartes, il lui reste en mains 4 cartes : « le pot », cartes qui doivent rester secrètes :
. il prend la première carte du pot, la retourne et la place à l'endroit qui lui est attribué dans la grille en se saisissant auparavant de la carte face cachée qui occupait cet emplacement ;
. cette carte retournée renvoie le joueur à un autre emplacement où il la dépose en s'emparant de la carte face cachée déposée là par la distribution ; ainsi les cartes progressivement retournées trouvent leur place exacte sur la grille ;
. quand le joueur rencontre un as, et comme cet emplacement n'a pas reçu de carte, il est obligé, pour pouvoir continuer à jouer, de prendre une des cartes restantes du « pot » ;

**Objectifs**

notion d'ensembles

conjonction de 2 propriétés

repérage sur un quadrillage

notion d'ordre (valeurs des cartes)

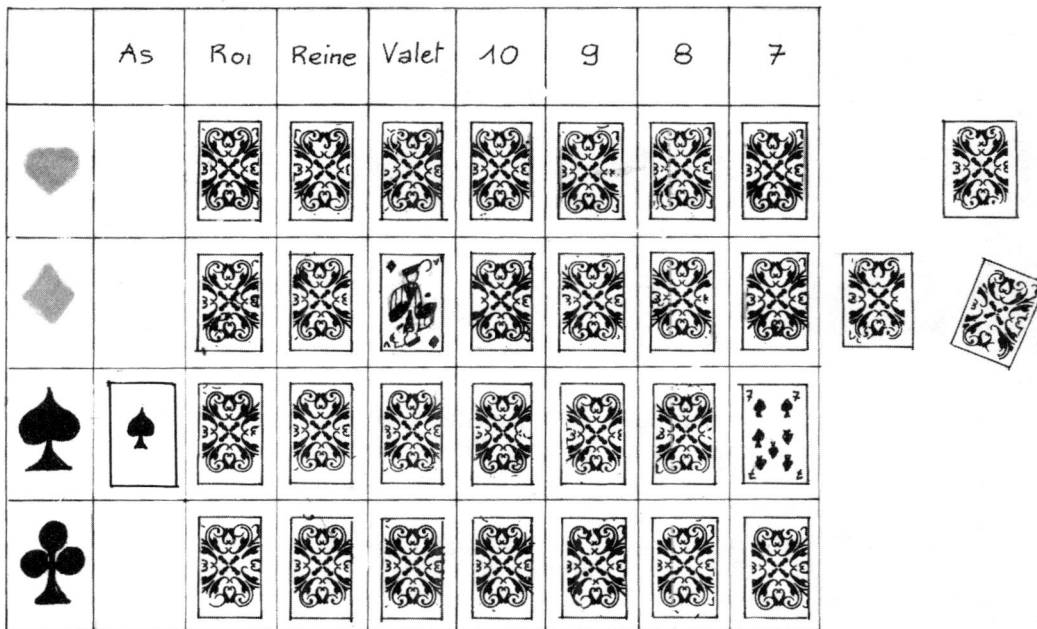

. quand il n'a plus de carte dans le pot et que sa dernière carte (un as) ne lui permet plus d'en retourner une autre, le jeu s'arrête ;
— il retourne alors les cartes cachées ;
— si elles sont bien placées, il a gagné.

**Approches du jeu**
Ce jeu, assez difficile, n'est pas à proposer d'emblée sans
— que les enfants aient acquis une certaine aisance et habitude de l'organisation des tableaux à double entrée ;
— qu'on ait joué et manipulé le jeu de cartes (jeux de bataille, de menteur, de pouilleux, etc.) ;
— que l'on ait trié, ordonné, classé les cartes de toutes les façons possibles suivant les critères, famille et/ou valeurs ;
— que la grille ait pu servir, comme aboutissement à ces jeux de classement :
. à détecter la perte d'une carte,
. à désigner celle-ci pour la rechercher plus efficacement.

# Le jeu de 7 familles

**Matériel**
Le jeu de cartes se compose de 7 familles de cartes comprenant chacune : *le papa, la maman, la fille, le garçon.*
Chaque famille se différencie de l'autre par sa couleur : *famille rouge, famille jaune,* etc.
Chaque élément de la famille se distingue par un attribut :
— le papa : *la montre, la moustache* ;
— la maman : *le sac, les bijoux* ;
— le garçon : *le ballon* ;
— la fille : *la corde.*

**Joueurs** : de 3 à 6.

**But du jeu** : posséder plus de familles que les autres joueurs (attention la famille doit être chaque fois complète).

**Déroulement du jeu**
— tirage au sort du donneur ;
— le donneur distribue toutes les cartes une à une ;
— chaque joueur, sans montrer son jeu aux autres, regarde ses cartes et essaie de constituer une famille ;
— le donneur parle le premier et demande au joueur de son choix la carte lui permettant de constituer la famille désirée :
. si le joueur interpellé ne possède pas cette carte, il répond ne pas la posséder et c'est au tour de celui-ci d'être demandeur,
. si le joueur possède cette carte, il la donne au demandeur qui continue de jouer en réclamant une nouvelle carte et cela jusqu'à l'obtention d'un refus ;

**Objectifs**

reconnaissance d'indices visuels
vocabulaire
syntaxe
repérage des cartes échangées ou refusées
mémorisation

— quand un joueur possède une famille, il l'étale, faces visibles devant lui ;
— si à un moment donné, un joueur n'a plus de carte après avoir déposé une famille, il tire aussitôt au hasard une carte dans le paquet d'un autre joueur et continue ainsi à jouer ;
— le jeu s'achève lorsque les 7 familles sont constituées.

*ensemble défini en extension*

En fin de jeu, les joueurs comparent leur nombre de familles ; celui qui en a le plus a gagné.

*comparaison d'E notion : plus que, moins que, autant*

**Remarques**
C'est un jeu assez complexe car l'enfant doit réclamer une carte qui lui manque, donc qu'il ne voit pas, et possédant deux critères :

1. *le critère commun à la famille*, ici, la couleur, mais qui pourrait être :
— une action : la famille qui patine, qui skie ;
— un moyen de locomotion : la famille en avion ;
— un lieu, un détail vestimentaire, etc. ;

2. *l'élément de la famille*, qu'il n'a pas entre les mains : la fille, le papa...

Parallèlement au jeu, on proposera aux enfants des exercices de tri :

— selon 1 critère :
soit la couleur : . Ensemble des personnages rouges,
                    . E des personnages bleus,
soit la sorte de personnage : . E des papas,
                               . E des filles.

— selon 2 critères : tableau à double entrée

| ↗ | jaune | rouge | bleu | etc. |
|---|---|---|---|---|
| papa | | | | |
| maman | | | | |
| fille | | | | |
| garçon | | | | |

Ce tableau permet en outre de visualiser l'E des cartes du jeu, de s'en servir pour découvrir une carte manquante (retirée du jeu par la maîtresse ou un enfant).

**Anecdote**

Dans la confection de ce jeu, les enfants avaient décidé d'animer le dos des cartes comme dans un vrai jeu et avaient choisi pour cela de dessiner des maisons.
Chacun dessina son propre dos de carte, sa propre maison, chaque maison étant ainsi très différenciée des autres.
Pour un autre jeu, par exemple un jeu de bataille, cela n'aurait peut-être pas eu beaucoup d'importance mais, en fait, la maîtresse s'aperçut assez vite que le dos des cartes était mémorisé par certains enfants et que ce jeu de famille se doublait d'un jeu de mémoire visuelle par reconnaissance de la carte d'après son dos.

# La marelle

**Joueurs :** 2.

**But du jeu :** aligner 3 pions selon les axes dessinés.

**Matériel**
— 1 plaque marelle ;
— 3 pions différenciés par joueur.

**Déroulement du jeu**
— tirage au sort du premier joueur ;
— le premier joueur place un de ses pions à l'emplacement de son choix ;
— l'autre joueur fait de même avec son premier pion ;
— les joueurs placent ainsi alternativement les deux autres pions ;
— quand les trois pions de chaque joueur sont posés sur la plaque, il s'agit de déplacer celui de son choix sur un emplacement immédiatement adjacent et relié à ce dernier par un segment matérialisé ;
— 2 pions ne peuvent se trouver à un même emplacement ;
— 1 pion ne peut en chasser un autre.

**Remarque :** habituellement, trois étapes apparaissent dans ce jeu :
— l'enfant essaie d'aligner ses trois pions, sans se soucier de l'autre joueur : c'est le premier joueur qui gagne à chaque coup !
— après ce constat, le deuxième joueur comprend la nécessité de bloquer la progression de son adversaire et le jeu consiste

**Objectifs**

notion d'ensembles

alignements

logique

décentrement : comprendre le jeu de l'adversaire

surtout en cette préoccupation pour chacun des deux joueurs ;
— ensuite le jeu progresse vers la combinaison des deux actions :
. empêcher l'autre de faire son alignement,
. faire son propre alignement.

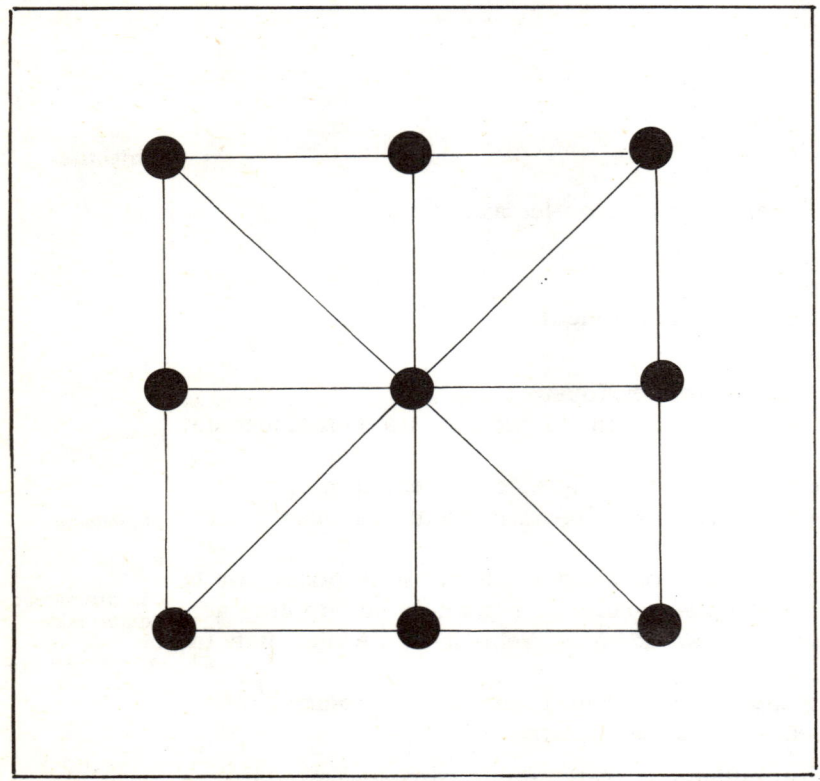

# Les cinq pions

C'est une adaptation du jeu des 5 croix (du morpion).  | **Objectifs**

**Matériel**
— 1 planche : quadrillage de 20 carreaux sur 20 ;
— 1 carreau : 3 cm de côté ;
— 1 trentaine de pions identiques par joueur, chaque série étant caractérisée par une forme, une couleur ou une matière distincte de celle des autres joueurs.

**Joueurs** : de 2 à 4.

**But du jeu** : aligner le premier 5 pions sur le quadrillage dans n'importe quelle direction (orthogonales ou diagonales).

nombre 5

**Déroulement du jeu**
— tirage au sort du 1$^{er}$ joueur ;
— le 1$^{er}$ joueur pose un de ses pions sur le quadrillage à l'emplacement désiré ;
— chaque joueur, à son tour, fait de même avec un de ses pions, en essayant coup après coup de construire le premier un alignement avec 5 de ses pions.

chronologie :
ordre des $\neq$
joueurs dans le
temps

alignement
directions
cardinal : 5

**Remarques**
— Au début, les enfants ne se soucient que de faire leur alignement, sans utiliser la possibilité de bloquer leur(s) adversaire(s), et, en fait, ils s'aperçoivent, au bout d'un certain nombre de parties que c'est toujours le premier joueur qui finit le premier ;
— c'est un joueur, peut-être la maîtresse, qui, en bloquant le jeu d'un des joueurs, amènera un nouvel intérêt : bloquer

l'autre, l'arrêter dans sa progression ! et cela risque, pendant
un certain temps, d'être le seul but recherché ;
— dans un troisième temps, les enfants combinent les deux
actions si possible, ou choisissent celle qui leur paraît la
mieux appropriée.
Cela demande à l'enfant :
— de se décentrer pour comprendre et déjouer le plan de
l'autre ;
— de savoir choisir ou combiner deux actions : aligner 5
pions et/ou empêcher l'autre d'aligner 5 pions.

**Objectifs**
logique
stratégie : choix
et/ou combinaison
de 2 actions

# Le solitaire anglais

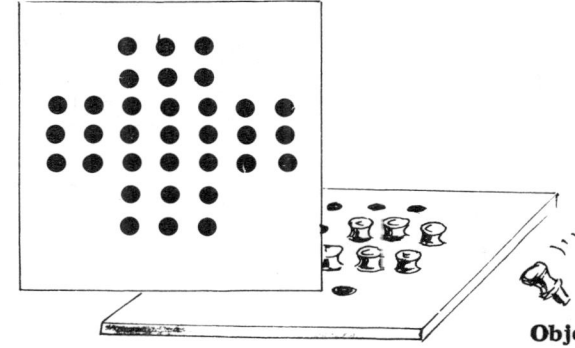

**Matériel**
— 1 planche solitaire ;
— 33 fiches.

**Joueur** : 1.

**Objectifs**

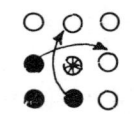

**But du jeu** : ne garder qu'une seule fiche sur la planche. En fait pour les petits, il s'agit de retirer le plus possible de fiches de la planche.

● notion de
⊗ cardinal si le
○ nombre est < 10

**Déroulement du jeu**
— toutes les fiches sont placées dans les trous de la planche :
— retirer une fiche et, à partir du trou ainsi créé, le jeu commence ;
— à partir de là pour ôter une fiche, il faut la « sauter » à l'aide d'une fiche contiguë pouvant se placer dans le trou vacant situé dans l'alignement et juste voisin de la fiche à enlever ;
— le saut s'effectue uniquement dans les directions orthogonales ;
— le saut effectué, la fiche « sautée » est retirée de la planche ;
— le joueur a terminé sa partie quand le jeu est bloqué ;
— il peut comptabiliser le nombre de pièces restantes quand le nombre est < 10 pour constater ses progrès par rapport à lui-même au fil des parties, et par rapport aux autres.

notions topologiques dessous, dessus, devant, derrière, entre

directions orthogonales

**Variante** : autoriser les prises dans les directions orthogonales et diagonales.

directions diagonales

**Fabrication du matériel**
*par les enfants*
— plaque de terre cuite collée sur un support rigide (isorel ou contreplaqué), comportant des trous ; avec fiches : en bois (tourillons), des vis ; ou des billes de terre.

*par l'adulte*
— plaque d'aggloméré (1.50 cm) perforé, avec des grosses vis pour les fiches.

# Le solitaire à deux

**Matériel**
— 1 planche solitaire ;
— 33 fiches ;
— 1 boîte de pions.

**But du jeu** : retirer de la planche plus de fiches que les adversaires.

**Déroulement du jeu**
— chaque équipe joue alternativement, une équipe regardant l'autre ;
— l'équipe qui gardera le moins de fiches sur le support sera déclarée gagnante ;
— tirage au sort de la première équipe à jouer ;
— chaque joueur de cette équipe retire alternativement une fiche jusqu'à impossibilité de retrait ;
— les fiches restantes sont dénombrées et converties en pions si le nombre le nécessite ;

— l'équipe suivante joue de même ;
— une correspondance terme à terme s'effectue entre les pions d'une équipe et ceux de l'équipe adverse et définit ainsi le gain de la partie ou des parties ;
— au cours du jeu tous les commentaires sont permis, aussi bien entre partenaires qu'adversaires.

## *Préliminaires au jeu de dames*

Le même damier servira au *jeu de dames* (espagnoles), au *jeu du loup et des brebis*, au *jeu d'échecs* et peut permettre d'en inventer d'autres !
C'est un damier de 64 cases.
Il est intéressant de le faire construire par les enfants.
C'est un exercice difficile de repérage sur quadrillage qui peut se doubler d'un exercice de graphisme.
Mais, avant d'aborder la construction du damier, le quadrillage préexistant, il vaut mieux avoir vécu corporellement le cheminement propre aux pions du jeu de dames, ceci grâce à un damier (bicolore) dessiné dans la cour, le préau, en ne progressant que sur une sorte de cases (par exemple les claires ou les sombres, les rouges ou les bleues, etc.), cases qui se touchent uniquement par un angle et n'ont pas de côté commun. Plus tard, on vivra ce même cheminement (en respectant la diagonale) sur un quadrillage sans différenciation de cases : comme avec le damier, on cherchera différents chemins pour aller de A vers B où se trouve un objet.
On découvrira que si l'objet se trouve dans certaines cases, on ne pourra jamais l'atteindre...
... et ainsi reconstituer le damier !
Voir aussi les préliminaires au jeu d'échecs, page 61.

# Le jeu de dames espagnoles

**Joueurs :** 2.
*Position* : face à face.

**Matériel**
— 1 damier (64 cases) ;
— 12 pions par joueur.

**But du jeu** : prendre toutes les pièces de son adversaire (ou bloquer les pièces restantes).

**Déroulement du jeu**
— partage, tris des pions entre les 2 joueurs :
  . Ensemble des clairs,
  . E des foncés ;
— pose des pions : le damier étant disposé case noire à gauche, les pions sont posés dans les cases blanches (claires), sur trois rangées, de part et d'autre, les pions clairs d'un côté, les pions foncés de l'autre ;
— marche du pion : sur les cases blanches ; le pion se déplace obligatoirement en avant seulement (et en oblique), donc dans deux directions possibles, pour autant que ces cases soient vides ;
— prise du pion : quand un pion se trouve devant un pion adverse et que la case suivante de la diagonale est vide, il prend ce pion en sautant par-dessus, et occupe la case vide derrière le pion adverse ; après cette prise, et si la même situation se présente, il continue à prendre les pions adverses de la même façon, toujours en avant en rebondissant plusieurs

**Objectifs**

notion d'ensembles finis
équivalence
« autant que »...

topologie :
intérieur
extérieur

utilisation de règles de déplacement sur un plan
2 directions —
1 sens

notions :
par-dessus, entre, à côté de, devant, derrière

fois éventuellement, les pièces prises n'étant enlevées qu'après les sauts ;
— promotion du pion : quand un pion arrive sur la 8ᵉ rangée, il devient Dame, ce qui se matérialise en le couvrant d'un pion de sa couleur ;
— la marche de la Dame : la Dame joue en avant ou en arrière, d'un ou plusieurs pas ; elle prend comme le pion, de près, mais aussi à distance, et si à la fin d'une prise elle trouve devant elle plusieurs cases vides, elle s'arrête à la case de son choix ; au cours d'une prise elle peut pivoter sur elle-même ;
— règles des prises :
toute prise possible est *obligatoire* : sinon le « soufflage » est permis. Le joueur adverse qui s'est aperçu de l'oubli de l'autre, à son tour lui prend ce pion en soufflant dessus et en disant « souffler n'est pas jouer » et il rejoue immédiatement.

déplacements sur un plan
2 directions —
2 sens
stratégie : anticipation

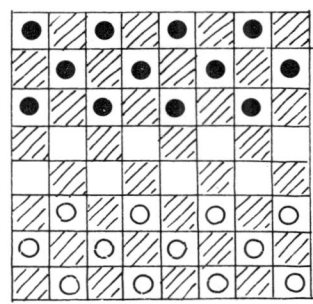

# Le loup et les brebis

**Matériel**
— 1 damier de 64 cases ;
— 1 pion sombre : le loup ;
— 12 pions de couleur claire : les brebis.

**Joueurs** : 2.

**But du jeu** : pour le loup : franchir les lignes ennemies ; pour les brebis : encercler le loup.

**Objectifs**

Croquis du jeu au départ

**Déroulement du jeu**
— les pions (loup et brebis) sont disposés sur les cases blanches selon le croquis (ci-dessus) ;
— ils ne se déplacent que sur les cases blanches sans jamais utiliser les noires ;
— les brebis avancent d'une case en avant dans les directions diagonales. Elles ne peuvent pas « prendre » ni devenir « dames », mais elles doivent *encercler* le loup ;
— le loup n'avance que d'une case en avant ou en arrière et a droit de prise en avant ou en arrière sur une brebis en sautant par-dessus celle-ci, si la case suivante de la diagonale est vide ;
— quand le loup est bloqué, les brebis ont gagné ;
— quand le loup a franchi les lignes de brebis, il a gagné.

notion :
intérieur /
extérieur

structuration
espace
notion de
direction :
la diagonale

autour de
au-dessus

# Préliminaires au jeu d'échecs

Si les enfants le proposent, en manifestent le besoin, il est possible d'aborder le jeu d'échecs.
Tous les enfants n'y joueront pas, ne seront pas intéressés par ce jeu très complexe.
Pour ceux qui s'y essaient, plusieurs niveaux de jeu se dégagent :
— ceux qui, tout à la fascination exercée par les pièces, les manipulent correctement, mais au coup par coup et au hasard du jeu ;
— ceux qui, entre plusieurs actions possibles, sont capables de choisir la plus efficace ;
— ceux qui ont une intention précise et peuvent accomplir cette action en la décomposant en 2 ou 3 coups ;
— ceux qui, en se décentrant, se permettent de conseiller l'adversaire de façon à s'assurer pour eux-mêmes un jeu plus favorable !

Auparavant, l'enfant devra être préparé :

**Avoir vécu de nombreux jeux de progressions sur un plan**

*1. en se déplaçant sur un chemin :*
— à 1 direction :
. dans 1 sens : comme le jeu de l'oie, le jeu de chevaux ;
. dans 2 sens : par exemple le jeu de voitures (aller et retour) ;
— à plusieurs directions :
. sans choix : le labyrinthe, les directions ;
. avec choix : la marelle, le jeu de Benoît, les animaux sauvages.

*2. en se déplaçant sur un quadrillage :*
— avec 1 direction : la piscine, le football ;
— avec plusieurs directions :
. sans choix : la forêt, la course des escargots ;
. avec choix : les cinq pions, le solitaire.

*3. en se repérant sur un tableau à deux entrées :*
— les prises ;
— la réussite.

*4. en se déplaçant sur un damier :*
— les dames ;
— le loup et les brebis.

**Avoir vécu corporellement différents déplacements sur des quadrillages :**
— dans la cour à travers des marelles variées traditionnelles ou inventées ;
— à travers des parcours fléchés, *sans*, puis *sur* quadrillage ;
— à travers des jeux où, pour aller de A vers B, il s'agit d'inventer un cheminement ; soit en passant d'une case à l'autre par le milieu des côtés, soit en passant par les angles des cases, en diagonale.

**Aborder le déplacement caractéristique d'une pièce sur le damier, parallèlement au vécu corporel :**
— sur le sol quadrillé naturellement ou non du préau, de la cour ; là on se déplace et l'on attrape objets ou camarades comme le *fou*, le *pion*, le *cavalier*...

**Construire le damier et les pièces au fur et à mesure de leur découverte.**

**Présenter les pièces très progressivement en amenant, après le roi, qui est l'enjeu, des pièces par ordre de difficultés croissantes :**

*Exemple :*  1re semaine : les rois et les pions ;
2e semaine : les tours ;
3e semaine : les fous ;
4e semaine : les reines ;
5e semaine : les cavaliers.

Chapitre 2

# LES JEUX À THÈMES

Ces jeux sont créés avec les enfants à partir d'un intérêt commun au groupe qui peut être un vécu comme une classe piscine, une sortie, un jeu sportif, l'animation d'un conte...

L'adulte suscite le jeu, en propose le thème.
Exemples :
— jeu en rapport avec nos courses à la piscine ;
— construire un jeu de bataille avec des voitures.
Les règles se construisent peu à peu grâce à un questionnement de l'adulte sur :
— le but du jeu ;
— la manière de l'atteindre quant
. au matériel,
. à la répartition des joueurs dans le temps,
. aux obstacles et aux aides.
Les règles se négocient au cours de débats oraux où les idées de chacun sont accueillies, discutées, expérimentées et selon le cas rejetées ou gardées.
Le jeu garde sa forme définitive quand il est jouable et satisfait l'ensemble de la classe.

# La robe en patchwork

Ce jeu a été créé dans la classe de Noëlle T., à propos d'une recherche sur les vêtements, dans le but d'aménager un « coin déguisement » et d'habiller des poupées ou des pantins. Ce jeu s'intègre comme une sorte d'habillage de poupée avec une robe en patchwork, jeu qui tient autant du puzzle que du jeu de dé.

**Objectifs**

**Matériel**
— 1 planche « poupée patchwork » (fabriquée en classe) qui, par son découpage de formes, est la maquette de la robe qui la recouvrira. Attention, elle est partagée verticalement en 2 zones symétriques ;
— 1 puzzle composé par les différents morceaux de la future robe en patchwork (cartons recouverts de tissus), chaque pièce correspondant par sa forme et sa couleur à la pièce de la maquette, soit de couleur ○ ou ● 
soit des 2 couleurs ; ○●
— 1 dé en couleurs (voir croquis).

**Joueurs** : 2.

*Position* : de part et d'autre de la poupée, à sa droite et à sa gauche.

**But du jeu** : habiller (recouvrir) le premier son côté de robe.

**Déroulement du jeu**
— chaque joueur choisit son côté ;
— habillage de la poupée par les deux joueurs avec tous les morceaux de la « robe puzzle » ;

équivalence de formes

*Les jeux à thèmes* 65

— chacun reprend les morceaux s'adaptant à son côté, gauche ou droite ;
— tirage au sort du premier joueur ;
— chaque joueur, à son tour, lance le dé et obéit à l'ordre donné par le dé, soit :

1) habiller avec un morceaux, son côté de manteau avec :
   ▪ un morceau de couleur ▪
   ▪ un morceau de couleur ▪
   ▪ un morceau de couleur ▪

2) déshabiller la poupée de son adversaire d'un morceau de la couleur indiquée par le dé. ▫

Le premier à avoir habillé son côté de la robe de poupée a gagné.

notion d'E., de sous-ensembles

approche de la fonction symbolique

conjonction : « et »

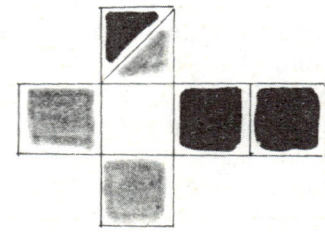

# Jeu de la piscine

Ce jeu est né d'une course réelle que nous effectuions à la piscine. C'était un de nos jeux favoris : faire la course avec la maîtresse.
Ce jeu a été créé par analogie avec notre vécu, la course débutant par un saut des différents plongeoirs, cases de départ pour les différents joueurs.

**Objectifs**

**Matériel**
— 1 planche piscine fabriquée par les enfants ;
— 1 dé de 1 à 6 ;
— le même nombre de pions « plongeurs » par joueur selon la possibilité offerte par le jeu.

**Joueurs** : de 2 à 4.
*Position* : côte à côte derrière les « plongeoirs ».

**But du jeu** : faire arriver le premier ses 2, 3 ou 4 plongeurs sur la ligne d'arrivée.

**Déroulement du jeu**
— tirage au sort pour déterminer le premier joueur ;
— chacun joue à son tour ;
— chaque pion avance en ligne droite dans sa propre colonne ;
— chaque joueur lance le dé et avance son pion du nombre de sauts correspondant au nombre de points sur le dé ;
— tout plongeur devant dépasser la ligne d'arrivée à cause du jet de dé doit rétrograder du nombre de points qu'il lui reste à faire ;
— au cours du jeu, tout joueur peut décider et choisir le pion qui est le plus avantageux à déplacer.

relation d'équipotence « autant que » notion de cardinal

utilisation de règles de déplacement

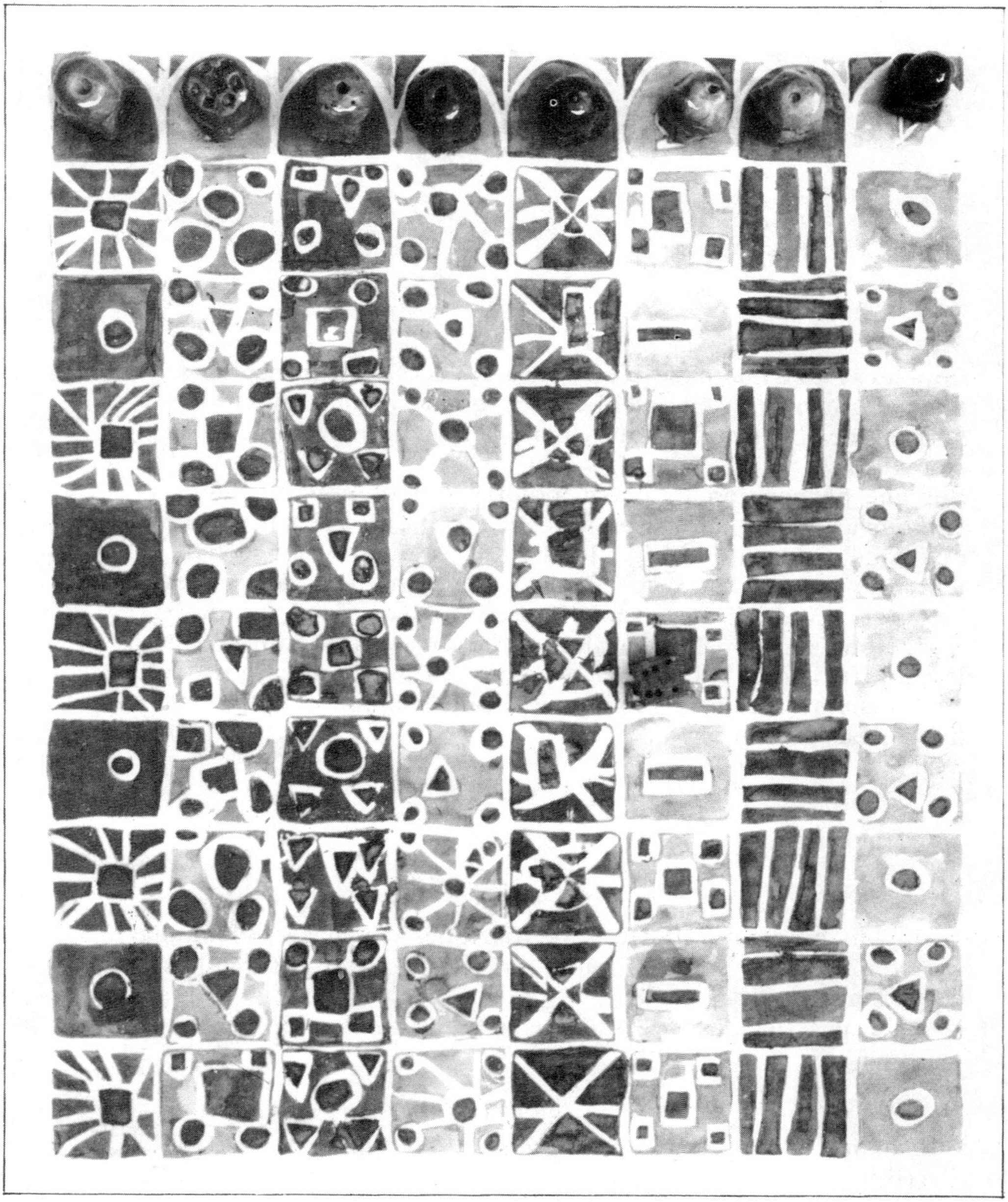

Les jeux à thèmes 67

# La course d'escargots

Ce jeu est né un jour de pluie, alors qu'en classe transplantée nous découvrions, émerveillés, des escargots au milieu des herbes de la prairie (que nous croyions pourtant bien connaître !).
Sur une proposition de notre monitrice, nous nous décidons, enthousiastes, de leur faire « effectuer » une course : il y avait une ligne de départ, des couloirs transversaux, et sur la ligne d'arrivée des feuilles disposées par nos soins pour attirer les escargots. Malgré nos cris d'encouragement, le jeu durait trop. Nous avançons les feuilles ; et l'escargot s'en approchant le plus fut sacré vainqueur ! Comme les autres escargots, il dut plusieurs fois être remis sur le bon chemin, son optique n'étant pas la nôtre !

**Objectifs**

**Matériel**
— 1 planche course d'escargots fabriquée en classe, chaque case représentant soit des feuilles de salade, soit des feuilles de pissenlit, soit des herbes ;
— 1 dé avec deux fois les dessins des différentes feuilles.

**Joueurs** : de 1 à 8.
*Position* : côte à côte derrière les photos de départ.

**But du jeu** : arriver le premier dans une des cases de la ligne d'arrivée.

notion d'ensemble

relation d'équivalence
« à même forme que »

notion
« intérieur — extérieur »

relation d'équivalence

Les jeux à thèmes

## Déroulement du jeu

— tirage au sort pour déterminer le premier joueur (par une comptine) ;
— on joue chacun à son tour ;
— chaque joueur a le droit de faire avancer son escargot sur une case adjacente si le dessin de celle-ci correspond à celui du jeté de dé ; on peut donc le faire avancer dans ces directions ;

— si une case est déjà occupée par un escargot, un autre n'a pas le droit de s'y engager ;
— chaque joueur choisissant sa case de départ a intérêt à ne pas prendre l'une des deux cases bordant le jeu, les possibilités de choix d'avancer étant plus réduites.

Le premier à atteindre la ligne d'arrivée (les dernières cases) a gagné.

## Objectifs

topologie
notion de voisinage

utilisation de règles de déplacement sur un plan

logique : stratégie entre plusieurs directions possibles le joueur doit choisir la plus directe

# Le jeu de football

Suite à nos parties endiablées de football dans la prairie, ce jeu est né du désir de deux garçons, Gilles M. et Christophe C., qui l'ont dessiné tel quel ; les règles ont été précisées au niveau du groupe.

**Objectifs**

**Matériel**
— 1 planche de football fabriquée en classe ;
— 1 dé de 11 à 6 ;
— 8 pions par joueur.

**Joueurs :** 2.
*Position :* face à face.

**But du jeu** : marquer le plus de « buts » possibles sur la ligne d'arrivée qui est la ligne de départ des pions adverses.

**Déroulement du jeu**
— tri des pions par les joueurs ;
— placement de ceux-ci : 1 par case, sur chaque ligne de départ ;
— tirage au sort pour déterminer le premier joueur ;
— chacun jette le dé à son tour ;
— chaque joueur avance le pion de son choix du nombre de pas correspondant au nombre de points sur le dé ;
— les pions avancent en ligne droite ;
— un pion ne peut passer « au-dessus » d'un pion adverse, il est arrêté ;
— pour passer un pion adverse, il faut pouvoir se poser dans la même case que ce pion ; le pion adverse est alors pris sous

notion de sous-ensemble

notion d'équivalence « autant que » notion de cardinal

utilisation de règles de déplacement sur un quadrillage, 1 direction

le pion joueur et est retiré du jeu (« il va à l'infirmerie », disent les enfants) ;
— chaque pion doit tomber juste dans la case de la ligne des buts adverses, sinon il rétrograde du nombre de sauts qui lui reste à faire, d'où l'importance du choix du pion ;
— quand un des joueurs n'a plus de pions à jouer, le jeu s'arrête.

Le joueur qui a marqué le plus de « buts » a gagné.

topologie :
intérieurs
« dans la même case »
notion sous, sur
correspondance terme à terme

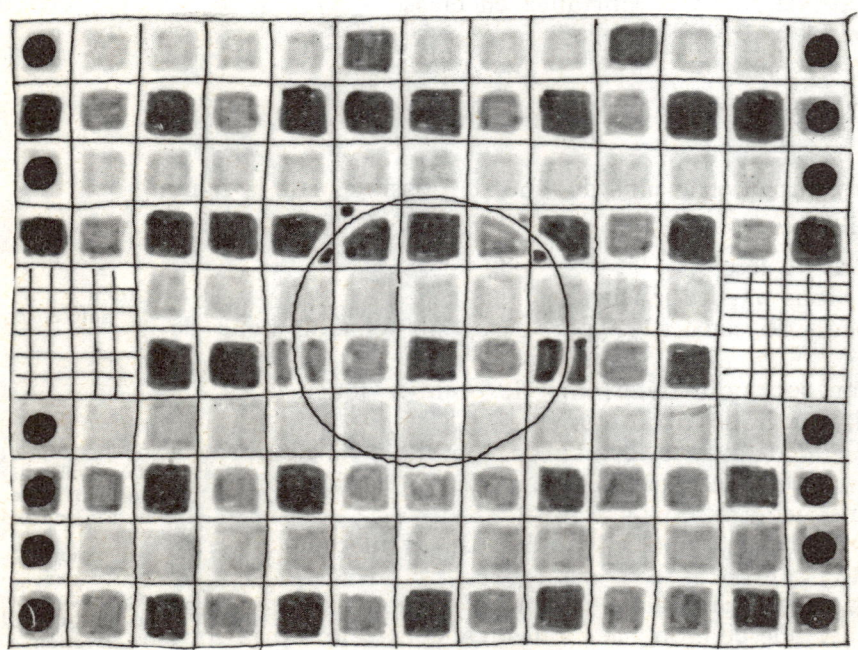

# Jeux de voiture

Cette année, le projet des enfants : construire une maquette qui permettrait de faire circuler leurs voitures miniaturisées leur pose de nombreux problèmes :
— celui des proportions entre largeur des routes et celle des véhicules ;
— celui de la taille des maisons, personnages, arbres... par rapport aux véhicules.
Et ce souci de réalisme les entraîne à s'intéresser au code de la route et aux significations des « dessins peints » sur la chaussée, des différents signaux que sont les feux tricolores, les panneaux routiers, afin de les adopter pour leur « circuit ».

De cette expérience découleront en cours d'année plusieurs jeux ayant ce thème pour intérêt :
— des jeux élaborés en commun : le jeu du voyage, le jeu de la bataille de voitures ;
— un jeu individuel : le jeu des voitures

# Le jeu du voyage

Après nous être remis de notre long voyage à Saint-Just-de-Claix (Isère), nous nous sommes trouvés un peu démunis, surtout de jeux de règles. Nous avons décidé alors d'en construire de nouveaux. C'est ainsi qu'est né ce jeu, par analogie au jeu de l'oie « des princesses », en rapport avec notre construction de circuit ci-dessus, et grâce à notre expérience toute nouvelle des voyages. Pour pimenter ce parcours, nous avons créé des incidents qui ne nous sont pas arrivés, mais qui font partie des angoisses concernant les voyages.

**Matériel**
— 1 planche « voyage » fabriquée par les enfants ;
— 1 dé de 1 à 6 ;
— plusieurs pions de couleurs différentes : les « autos », 1 par joueur.

**Joueurs** : de 2 à 4.
*Position* : autour de la planche.

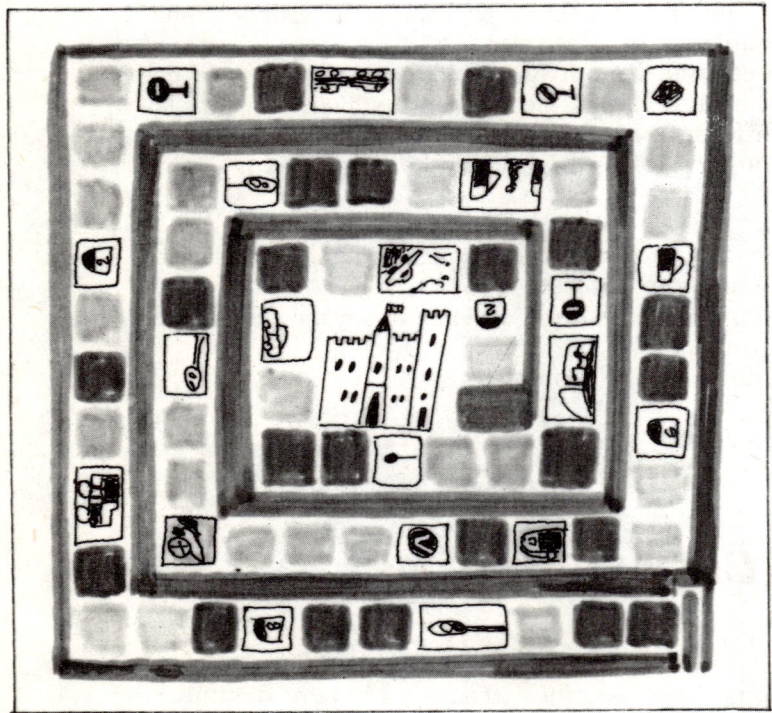

**But du jeu** : arriver le premier dans la case château.

## Déroulement du jeu

— tirage au sort du premier joueur (par une comptine) ;
— chaque joueur joue à tour de rôle ;
— chaque joueur lance le dé et avance son « auto » du nombre de pas correspondant au nombre de points sur le dé ;
— certaines cases sont spécifiques :

*1) certaines pénalisent :*
. retour au départ,
. feux rouges : attendre 1 tour,
. police : attendre 2 tours,
. stop : attendre 1 tour,
. accident : retour au départ ;

*2) certaines avantagent :*
. feux verts : avancer du même nombre de cases que le coup précédent,
. cases bornes : avancer du même nombre de cases qu'indiquent les points sur la borne,
. vitesse : on relance le dé,
. essence : on relance le dé ;

— tout joueur qui dépasse la case château rétrograde du nombre de points qui lui reste à faire.

Le premier arrivé dans la case château a gagné.

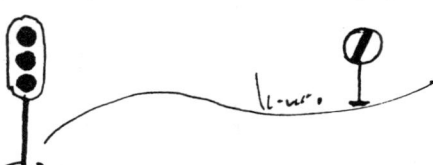

relation d'équipotence
notion de **cardinal**

notion de sous-ensembles

ex. SE des **cases** qui pénalisent

règles de **dépla-**cement sur **une** bande

notion d'équipotence
autant que

# *Jeu de bataille des voitures*

Ce thème sensibilisa les enfants au spectacle de la rue, et cela se retrouvait dans leurs dessins où les graphismes de véhicules devenaient de plus en plus caractéristiques, on reconnaissait : des ambulances, des voitures particulières, des dépanneuses... La maîtresse proposa de se servir de ces dessins pour jouer « comme à la bataille », projet qui fut adopté.

*Les véhicules à dessiner furent choisis et coloriés :*
— la dépanneuse ;
— la voiture particulière (seul véhicule à pouvoir figurer en plusieurs exemplaires sur la même carte) ;
— l'ambulance ;
— le camion des pompiers ;
— la voiture de police ;
en respectant les couleurs des véhicules prioritaires.

Le jeu, une fois constitué, les enfants décidèrent des valeurs respectives de chaque sorte de véhicule. Le choix des enfants intuitivement a suivi le code de la route : la voiture prioritaire, celle qui gagne sur toutes les autres, c'est la voiture de police, puis viennent le camion des pompiers, l'ambulance, la dépanneuse ; enfin, selon leur nombre, les voitures des « papas ».

**But et déroulement du jeu**: les mêmes que pour la bataille classique (voir page 44).

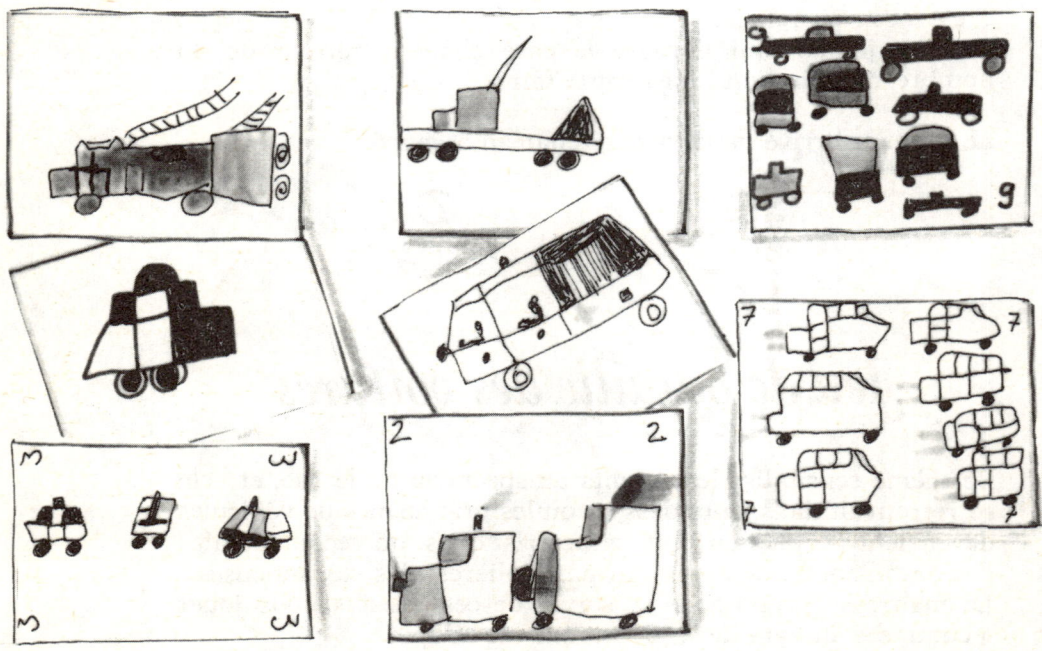

*Les jeux à thèmes*

# La bataille des bâteaux

Après une visite du port de Dieppe, les enfants ont construit des bateaux, et leurs dessins se sont enrichis des caractéristiques propres aux bateaux que nous avions observés : chalutiers, voiliers, bateaux de guerre qui nous ont beaucoup impressionnés, et le gros « paquebot d'Angleterre ».
Et comme un jeu de cartes était fort en vogue en ce moment de l'année, la proposition de la maîtresse de construire un jeu de bataille avec des bateaux fit l'unanimité.
Les bateaux dessinés, les enfants décidèrent d'un ordre de valeur : le bateau imbattable étant le bateau de guerre, puis venant, dans l'ordre : le « paquebot d'Angleterre », le chalutier, puis les voiliers selon leur nombre.
Les règles furent les mêmes que celles d'un jeu de bataille ordinaire.

Plus tard, le jeu de mistigris (jeu du commerce) ne suffisant plus, tant il avait de succès dans la classe, et était disputé à chaque instant, bien que nous jouions aussi avec des cartes classiques au « pouilleux » (même jeu : voir les règles page 42), la maîtresse nous offrit de construire un jeu de mistigris avec nos propres graphismes de bateaux.
A partir de notre jeu de bataille de bateaux (ci-dessus), nous avons choisi une représentation de bateau dans chaque catégorie.
Ces représentations furent ronéotées en grand nombre ; la fabrication du jeu, consistant à colorier de façon identique et en deux exemplaires le bateau de notre choix ; exercice de repérage et de coloriage — qui ne nous passionna pas moins que les graphismes des bateaux qualifiés « mistigris », reconnaissables par leur forte originalité.

*Seule modification apportée au jeu du mistigris :* comme il nous fut difficile d'en sélectionner un seul pour le jeu, nous les gardâmes tous, en nous offrant la possibilité de les marier entre eux. Il suffisait que nous en ayons un nombre impair. Avec ce jeu il nous fut loisible, en choisissant des couples très caractéristiques, de jouer au memory (voir page 26).

# Le jeu de Pilotin

**Objectifs**

Ce jeu a été créé à partir d'un livre : le livre de Pilotin (Ecole des loisirs), présenté à la classe à la suite d'une sortie au bord de la mer. Nous avions ramené de cette excursion des trésors ramassés sur la plage : coquillages vivants, moules, crabes, étoiles de mer, et recueillis dans un aquarium. Très sensibilisés par le quotidien de cette vie en aquarium et par l'imaginaire développé à travers les contes et les poésies, il nous a été facile d'inventer cet itinéraire, le jeu de l'oie pour les petits poissons, poissons arrêtés par certains ennemis, ou aidés par des amis tel Pilotin.

### Matériel
— 1 planche Pilotin fabriquée par les enfants ;
— 1 dé de 1 à 6 ;
— 1 pion différencié par joueur.

**Joueurs** : de 2 à 4.

**But du jeu** : arriver le premier dans la maison de Pilotin.

### Déroulement du jeu
— tirage au sort du premier joueur ;
— chaque joueur pose son pion dans la case « Départ » et avance, à son tour, du nombre de sauts que lui commande son lancer de dé ;

autant que
correspondance terme à terme
points sauts

— certaines cases amènent le joueur :
- ▪ . pour la case « filet » : à attendre d'être délivré par un autre joueur qui prend sa place ;

dans d'autres cas :
- ● . à retourner à la case « Départ » ;
- ○ . à relancer le dé 1 fois ;
- ◉ . à relancer le dé 2 fois ;
- ✳ . à refaire le même nombre de sauts ;

— plusieurs pions peuvent se trouver dans la même case, sauf dans la case « filet » puisque l'un délivre l'autre ;
— le premier arrivé dans la maison de Pilotin a gagné.

approche fonction symbolique

notion d'ensemble et de sous-ensemble (sous-ensemble des cases « amies »)

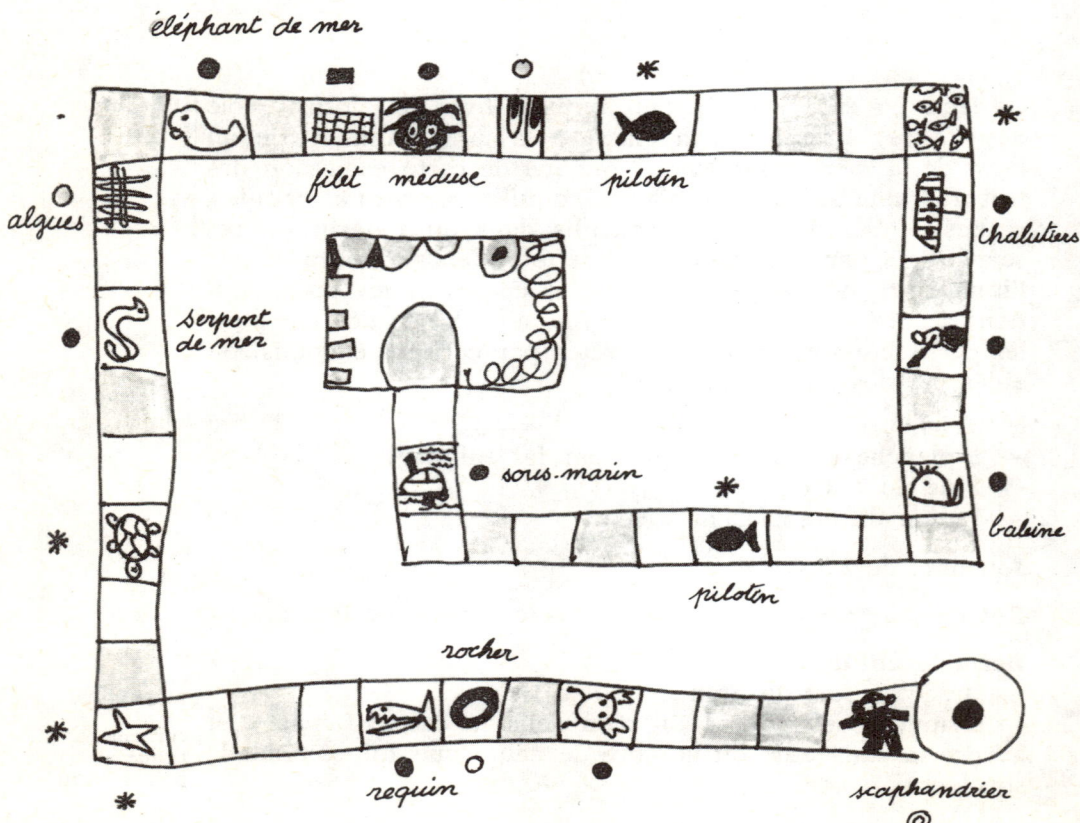

# Le jeu de l'oie des princesses

**Matériel**
— 1 planche « princesses » fabriquée en classe ;
— 1 dé de 1 à 6 ;
— plusieurs pions de couleurs différentes (1 par joueur).

**Joueurs** : de 2 à 4.

**But du jeu** : arriver le premier dans la case château.

**Déroulement du jeu**
— tirage au sort du premier joueur (par une comptine) ;
— chaque joueur joue à tour de rôle ;
— chaque joueur lance le dé et avance son pion du nombre de cases correspondant au nombre de points sur le dé ;
— certaines cases sont spécifiques
1) quelques-unes pénalisent :
. *celles des animaux méchants*, loup, ours, dragon, serpent : retourner au départ ;
. *celles des pièges*,
puits : attendre 1 tour,
prison : attendre qu'on vous délivre en prenant votre place dans cette case ;
2) d'autres avantagent :
. *celles des personnages*, reine, roi, prince, fée : on rejoue ;
. *celles des non-personnages gentils*, cheval, fleur : on bisse le jet du dé ;
— tout joueur qui dépasse la case « Arrivée » rétrograde du nombre de points qui lui reste à faire ;

**Objectifs**

relation d'équivalence

notion de **cardinal**

notion d'ensemble **fini** et de sous-ensemble (sous-ensemble des animaux méchants)

structuration de l'espace

topologie : intérieur extérieur

— plusieurs pions peuvent se trouver dans la même case ;
— le premier arrivé dans la case château a gagné.

Anne-Marie prive la classe de son jeu de l'oie pour le ramener chez elle : la maîtresse propose d'en construire un. « Cette année-là, nous avions projeté de créer un spectacle de marionnettes à offrir à nos mamans, et nous avions, en groupe, inventé une histoire. La maîtresse proposa d'en jouer l'histoire dans ce jeu de l'oie : l'adhésion fut immédiate. Ainsi furent mis en jeu tous les personnages du conte plus deux pièges qui nous venaient du jeu de l'oie : le puits et la prison, dont nous avions approximativement gardé les règles. »

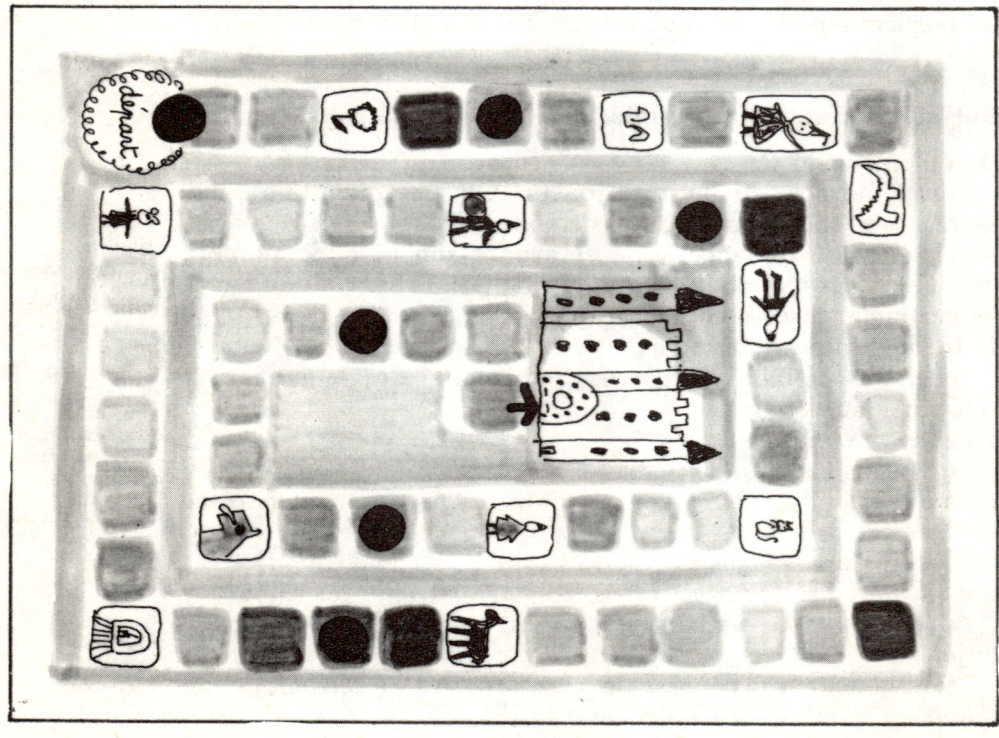

# La tour de la princesse

Dans la classe de Noëlle T., en grande section, les enfants et la maîtresse ont mis en jeu un conte, « L'herbe d'amour », où le héros, un prince, doit délivrer la princesse qu'il aime de l'enserrement d'une sorcière.
Le point culminant de l'histoire, cette course entre le prince et la sorcière vers le haut de la tour où est enfermée la princesse, devient le motif du jeu.

**Matériel**
— 1 planche « tour de la princesse » fabriquée par les enfants ;
— 1 dé de 1 à 3 (sur 2 faces) ;
— 1 pion par joueur.

**Joueurs** : 2.

**But du jeu** : arriver le premier à la « case-objet » :
« ciseaux » pour la sorcière,
« clé » pour le prince,
dans l'intention :
pour le prince : de délivrer la princesse ;
pour la sorcière : de couper les longs cheveux de la princesse qui permettaient au prince de la rejoindre en haut de la tour.

**Déroulement du jeu**
— choix par les joueurs du rôle de prince ou de sorcière et placement des pions correspondants dans la case de départ au bas des deux échelles ;

— tirage au sort du premier joueur ;
— chaque joueur, à son tour, lance le dé et avance son pion d'autant de sauts (saut par case) qu'il y a de points sur le dé ;
— pour se poser dans la « case-objet », il faut que le compte de points sur le dé corresponde exactement au nombre de sauts à effectuer pour s'y trouver ; si le nombre de points est plus important, le joueur rétrograde d'autant de cases qu'il y a de points en surplus ;
— le premier, prince ou sorcière, à poser son pion dans la « case-objet » a gagné.

**Objectifs**
notion de cardinal

notion d'équivalence

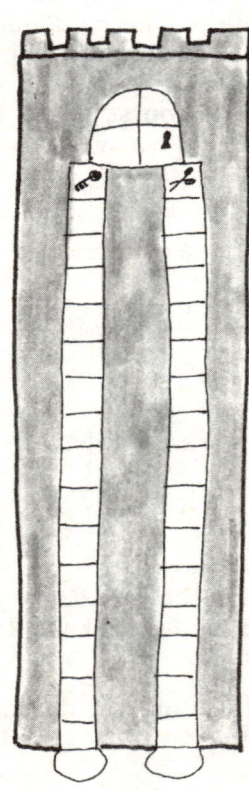

Chapitre 3

# LES CRÉATIONS INDIVIDUELLES

Quelquefois communes à 2 ou 3 enfants.
Par son attitude d'accueil, d'écoute, de tolérance, de permissivité dans le détournement des matériels, par la valorisation de chaque création, l'adulte encourage les premières créations en incitant les enfants à trouver des variantes, dans les jeux sportifs ; à s'inventer leurs propres jeux de cordes, de ballons, à partir de comptines apprises ou inventées ; à se dessiner des marelles, à en inventer les règles, etc. Parallèlement en classe se créent les premiers jeux :
— en appliquant un principe de jeu connu à un matériel différent. Exemple : avec un jeu de famille, jouer à la bataille, au mistigris ;
— en inversant le but du jeu. Exemple : remettre des fiches au lieu de les ôter : jeu d'Emmanuel ;
— en combinant les règles de jeux différents. Exemple : le jeu de Benoît.
En jouant avec le(s) créateur(s), l'adulte l'(es) aide à expliciter ses règles, à les clarifier et à les fixer.
Après de nombreuses parties où les règles du créateur sont strictement respectées, le jeu est présenté au groupe et joué par équipes. Là, il est commenté et soit gardé tel quel, soit remanié, si un élément du jeu pose problème quant
— à la durée de la partie (trop longue ou trop courte) ;
— au manque de précision d'une règle ;
— à l'inégalité des chances de gagner entre les différents participants. Exemple : le jeu de cyclistes : les parcours sont-ils identiques pour chaque joueur ?
Ces problèmes authentiques offrent à l'enseignant l'occasion d'exploiter ainsi maintes situations mathématisables.

# La bataille découverte

**Matériel** : 1 jeu de 52 cartes (retirer les 7, 8, 9, 10 en début de grande section).

**Joueurs** : 2.

**But du jeu** : rassembler la totalité des cartes.

**Déroulement du jeu**
— tirage au sort du premier joueur qui distribuera les cartes ;
— les joueurs regardent leurs cartes ;
— le premier joueur dépose une carte, figure visible sur la table ;
— l'autre joueur pose à côté de celle-ci la carte de son choix, deux cas se présentent :
. les cartes ne sont pas de même valeur : le joueur ayant posé la plus forte emporte les cartes déposées sur la table et forme un tas de celles-ci, figures cachées, tas auquel il n'a plus le droit de toucher avant d'avoir les mains vides ;
. les cartes sont de même valeur : les joueurs annoncent : « bataille », chaque joueur recouvre sa carte d'une nouvelle posée, figure cachée, puis d'une seconde, figure visible : cette dernière dépose se fait simultanément par les deux joueurs ; celui qui dépose la carte la plus forte, ramasse le lot de cartes de la table ;
— un joueur ayant gagné un lot de cartes devient premier joueur du coup suivant ;
— quand un joueur n'a plus de carte en mains, il prend le lot des cartes ramassées aux coups précédents.

Le joueur ayant emporté toutes les cartes a gagné, ou celui qui en compte le plus à l'arrêt du jeu. Les enfants font leur décompte par une correspondance carte à carte.

**Objectifs**

notion d'ordre

notion d'équivalence

notions plus que moins que

# Devine quelle couleur ?

Jeu inventé par Aude et Christophe.

**Matériel**
Fines rondelles plastiques de couleur : 2 rouges, 2 blanches, 2 noires, 2 jaunes.

**Joueurs** : 2.

**Déroulement du jeu**
— distribution : chaque joueur prend 1 rondelle de chacune des 4 couleurs ;
— tirage au sort du premier joueur ;
— le premier joueur pose son front sur la table et essaie de deviner de quelle couleur est la rondelle que lui présente son adversaire (la trouver est le fait du hasard pour les premiers tours). Il dit le nom d'une couleur, puis regarde la rondelle ; deux cas peuvent se présenter :
. il donne la bonne couleur de la rondelle : il la prend et la joint à son lot ;
. il donne une autre couleur et l'adversaire reprend sa rondelle ;
— c'est alors au tour de l'autre joueur et ainsi jusqu'à ce qu'un des deux possède toutes les rondelles.

**Remarque** : Ce qui n'est qu'un jeu de hasard devient peu à peu un jeu de déduction car chacun des joueurs peut savoir quelles sont les couleurs restant à l'adversaire. Celles-ci formant l'ensemble des couleurs complémentaires aux siennes.

**Historique** : Ce jeu, inventé par Aude et Christophe, se jouait avec un grand nombre de rondelles. C'est l'adulte qui, joueur, proposa de limiter le nombre des rondelles et d'en distribuer une par couleur à chaque joueur. Ce qui fut définitivement adopté car l'intérêt du jeu y gagnait.

**Objectifs**

logique :
notion d'ensemble complémentaire
déduction :

# Les tours

**Matériel**
— 1 jeu de Cubasco (ou 1 jeu de cubes d'environ 16 cubes) ;
— 1 dé de 0 à 5 ou de 1 à 6.

**Joueurs** : 2.

**Déroulement du jeu**
— tirage au sort du premier joueur ;
— le premier joueur lance le dé, prend autant de cubes qu'il a de points sur le dé et les empile pour construire une tour ;
— l'autre joueur fait de même ;
— quand le nombre de points indiqué par le dé est supérieur au nombre de cubes qui restent à prendre, le joueur passe son tour (puisqu'il ne peut en prendre qu'un nombre égal).

Quand tous les cubes sont pris, les deux joueurs comparent les hauteurs de leurs tours. Celui qui possède la plus haute est le vainqueur du jeu.

**Objectifs**

correspondance terme à terme : autant que
notion de nombre
— plus que
— moins que

comparaison de hauteurs : notion de mesure

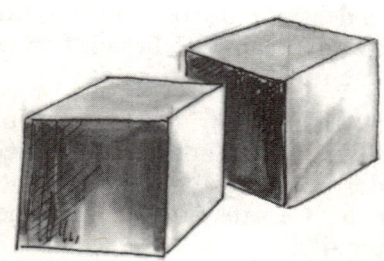

# Le puzzle à coups de dé

**Matériel**
— 1 dé : de 0 à 5 ;
— 1 boîte de Cubasco par joueur, ou 16 cubes avec des cartes représentant des modèles d'organisation de ces cubes (géométriques ou figuratifs).

**Joueurs** : 2 ou 4.

**But du jeu** : réussir le premier à reconstituer une carte modèle.

**Déroulement du jeu**
— chaque joueur choisit une carte modèle dans sa boîte ;
— tirage au sort du premier joueur ;
— le premier joueur jette le dé, prend autant de cubes dans sa boîte qu'il a de points sur le dé et installe ceux-ci afin de reconstituer le modèle ;
— les joueurs suivants font de même, chacun à leur tour ; quand le nombre de points sur le dé excède le nombre de cubes restés dans la boîte, le joueur passe son tour ;
— le premier joueur qui reconstitue son modèle sans commettre d'erreur a gagné.

**Remarque** : Ce jeu, créé par un groupe d'enfants, a fait suite au jeu de *Tours*.
Au début, les enfants prenaient, par analogie avec le jeu précédent, une boîte pour l'ensemble des joueurs. Très vite, ils se rendirent compte qu'ils ne pouvaient compléter leur carte modèle, chacun des joueurs se servant à son tour, de cubes qui leur manqueraient fatalement. Pour remplir leur objectif, il leur fallait prendre chacun une boîte, solution qui fut adoptée après l'intervention de l'adulte.

**Objectifs**

notion de **cardinal** (nombre)
. reconnaissance d'indices graphiques
. structuration de l'espace
. orientation de formes sur un quadrillage
notion d'équivalence

# Le jeu de cyclistes

C'est le jeu créé par Gilles.

**Matériel**
— 1 planche « cyclistes » fabriquée en classe ;
— 1 dé ordinaire ;
— 1 pion par joueur.

**Joueurs** : 2 ou 3.
*Position* : autour de la planche, chacun devant son point de départ.

**But du jeu** : revenir le premier à son point de départ après avoir effectué un tour de piste.

**Déroulement du jeu**
— choix de son pion et de son point de départ (cycliste I, II ou III) dessiné sur la planche ;
— tirage au sort du 1er joueur ;
— le jeu se joue de gauche à droite : c'est à la fois l'ordre des joueurs et le sens de la course ;
— chaque joueur joue à tour de rôle : chaque joueur lance le dé et fait avancer son « pion cycliste » du nombre de traits correspondant au nombre de points sur le dé ;
— deux cyclistes peuvent se trouver sur la même case, un cycliste peut en dépasser un autre ;
— chaque cycliste doit revenir à sa case de départ après avoir effectué un tour de piste complet ;
— tout joueur qui dépasse son point de départ ou plutôt « d'arrivée » rétrograde du nombre de points qu'il lui reste à faire et continue à jouer jusqu'à tomber exactement sur la case « Arrivée ».

**Objectifs**

notion d'équivalence : « autant que » notion de cardinal (nombre)

topologie

utilisation de règles de déplacement sur une bande

**Remarque**

La règle initiale, énoncée par Gilles, c'est-à-dire : « à partir d'un cycliste de son choix I, II ou III, le gagnant est le premier à tomber sur la case "Arrivée" » (c'est un des cyclistes dessiné qui marque la case « arrivée »), ne donnant pas les mêmes chances à chacun (certains étant dès le départ plus près de l'arrivée) a posé un problème au groupe qui a choisi la solution suivante : revenir à son propre point de départ. Certains enfants ne se rendaient pas compte de l'inégalité des trajets créée par les différentes positions de départ. Afin qu'ils en prennent conscience il a fallu les faire vivre corporellement dans la cour sur le même parcours redessiné, puis par l'intermédiaire de pions correspondant aux traits (1 pour 1), aligner les trajets en les faisant correspondre.

# *Le jeu de voitures*

C'est le jeu créé par Pierre et Eric.

**Matériel**
— 1 planche « circuit voitures » fabriquée en classe ;
— 1 dé ordinaire ;
— 1 pion par joueur.

**Joueurs** : nombre indéterminé.
*Position* : autour du circuit.

**But du jeu** : retourner le premier sur la case de départ.

**Déroulement du jeu**
— tirage au sort pour déterminer le premier joueur (par une comptine) ;
— chaque joueur joue à tour de rôle ;
— chaque joueur fait avancer sa voiture d'autant de bonds qu'il y a de points sur le dé ;
— plusieurs voitures peuvent se trouver au même endroit ;
— si une voiture pion s'arrête sur une voiture dessinée, il y a « accident » et le pion doit repartir du départ ;
— un pion qui, par son jet de dé, devrait dépasser la case départ doit rétrograder du nombre de sauts qu'il lui reste à faire ;
— le premier à être revenu exactement sur la case départ a gagné.

**Objectifs**

notion d'équivalence
« autant que »
notion de cardinal (nombre)

topologie : intérieur

suivre un déplacement deux sens

*Les créations individuelles* 93

# Le jeu de Sunnary

Sunnary, c'est le prénom de la créatrice.

**Objectifs**

**Matériel**
petites pièces de dînette (Nathan) : rouges, vertes, jaunes. (Matériel que les enfants ne connaissent pas du tout). Dans chaque couleur il y a :
- 1 couteau,
- 1 fourchette,
- 1 cuiller.

**Matériel**
— 1 planche Sunnary fabriquée en classe ;
— 1 dé ordinaire ;
— par joueur : 1 fourchette, 1 cuiller, 1 couteau de même couleur.

**Joueurs** : de 2 à 3.
*Position* : côte à côte, face à la planche de jeu.

**Déroulement du jeu**
— tirage au sort du premier joueur ;
— on joue chacun à son tour ;
— chaque joueur lance le dé et avance l'un de ses couverts du nombre de pas correspondant au nombre de points sur le dé ;
— il n'est pas nécessaire que le premier couvert soit arrivé pour lancer le deuxième et le troisième ; chaque joueur a le choix de faire avancer l'un ou l'autre de ses couverts ;
— plusieurs couverts peuvent se trouver dans la même case ;

correspondance terme à terme

notion de cardinal

logique

*Les créations individuelles* 95

— la marche des couverts se déroule de gauche à droite dans la direction et le sens indiqués par les flèches ;
— tout joueur qui dépasse la case d'arrivée rétrograde du nombre de points qui lui reste à faire.

Le premier à amener ses 3 ustensiles sur la case finale a gagné.  *notion d'ensembles*

**Remarque :** Certains enfants repèrent astucieusement qu'il est plus intéressant pour eux de déplacer un couvert plutôt qu'un autre en fonction du jet de dé.

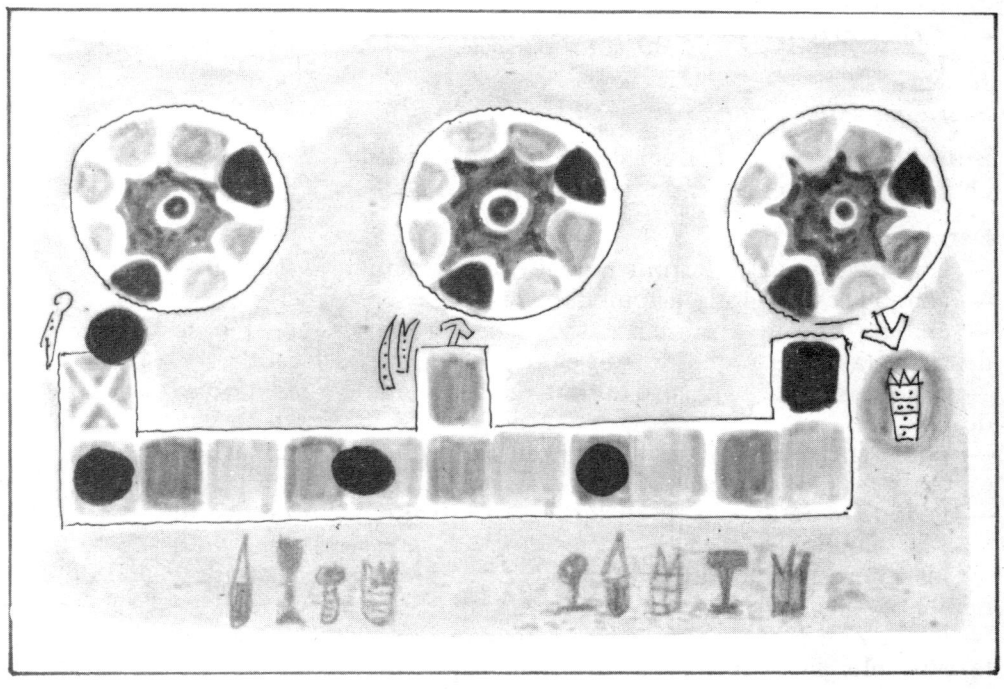

# Le jeu de Cécile

**Matériel**
— 1 planche Cécile fabriquée en classe ;
— 1 dé ordinaire ;
— 2 chevaux par joueur.

**Joueurs** : 2.
*Position* : côte à côte.

**But du jeu** : faire arriver le premier ses deux chevaux au château le plus éloigné de sa propre écurie.

**Déroulement du jeu**
— comptine pour déterminer quel est le premier joueur ;
— chaque joueur joue à tour de rôle ;
— chaque cheval commence sa course à partir de la case dessinée la plus proche de son écurie ;
— chaque cheval avance d'autant de cases que le dé marque de points ;
— pour sortir de la case-prison il faut que le dé marque 6 points ;
— le joueur de gauche se dirige vers la droite, celui de droite vers la gauche ;
— les chevaux d'un même joueur peuvent avancer simultanément ;
— le premier à avoir amené ses deux chevaux dans le château le plus éloigné a gagné. (Même remarque que pour le jeu précédent concernant la stratégie d'avance des deux chevaux).

**Remarque** : La règle initiale de Cécile était de n'avancer que d'1 case à chaque tour, et seulement si le dé marquait 1 point. Cette règle a été très vite transgressée parce que le jeu était évidemment trop long, et donc transformé comme ci-dessus.

**Objectifs**

notion d'ensemble

notion de cardinal :

topologie : intérieur-extérieur

stratégie logique

Les créations individuelles

# Le jeu des chalutiers

C'est le jeu de Claire.

**Matériel**
— 1 planche chalutier : format grand aigle (grande feuille à dessin) ;
— 1 pion par joueur ;
— 1 dé de 0 à 5 ou de 1 à 6.

**Joueurs** : de 2 à 4.

**But du jeu** : arriver le premier dans la case représentant un chalutier.

**Déroulement du jeu**
— attribution des chemins par choix tacite ;
— chaque joueur démarre de la case centrale ;
— tirage au sort du 1er joueur ;
— le premier joueur jette le dé et fait avancer son pion d'un nombre de sauts correspondant au nombre de points sur le dé, et ceci sur le chemin choisi ;
— si le jet de dé est supérieur au nombre de sauts qui amènerait le pion dans la case chalutier, le joueur recule d'autant de cases qu'il a de points en surplus ;
— le premier arrivé dans une case chalutier a gagné.

**Remarque** : Dans le projet de Claire, les chemins destinés à chaque joueur n'avaient pas le même nombre de cases. Au bout de plusieurs jeux, certains enfants se plaignaient de cet état de fait. Claire s'excusa en se trouvant une raison : « C'est parce que je n'avais pas assez de place ! »

**Objectifs**

notion de cardinal (nombre)

A l'incitation de la maîtresse, plusieurs enfants décident de reconstruire ce jeu. Plusieurs solutions sont trouvées afin que chaque parcours ait le même nombre de cases.
Certains, comme Claire, dessinent les cases 1 à 1, puis par paquets de 2 ou 3 sur chacun des chemins en changeant de couleur pour respecter le projet initial, et ceci en partant soit de la case centrale, soit des chalutiers.
D'autres dessinent d'abord une allée complète, en partant de la case centrale jusqu'à la case chalutier, puis reproduisent, à partir du centre, case après case, un des autres chemins (autre couleur) en se servant de la main restée libre comme repère, établissant ainsi une correspondance terme à terme entre chaque élément des deux allées.

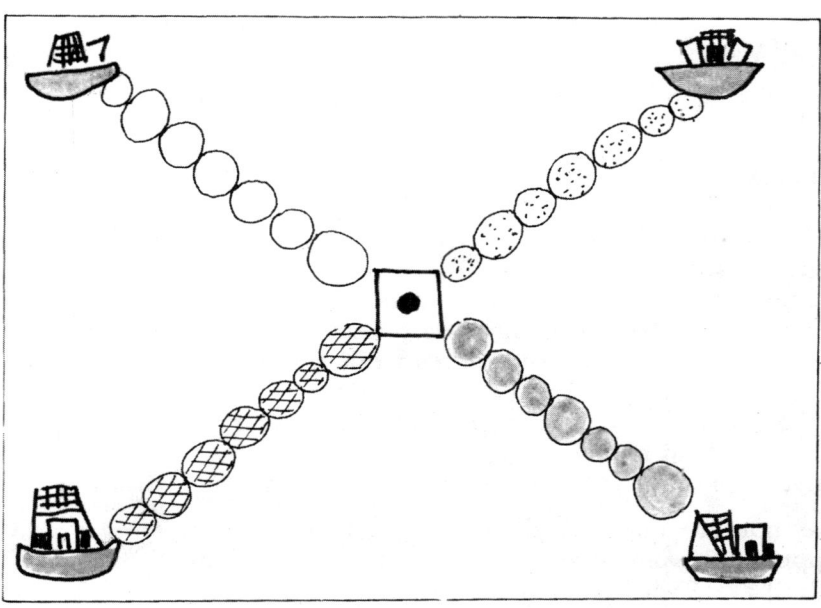

# Le jeu d'Indiens

C'est le jeu de Cyril.

**Matériel**
— 1 planche « Indiens » fabriquée en classe ;
— 3 Indiens par joueur (pions) ;
— 1 dé ordinaire.

**Joueurs** : 2.
*Position* : face à face.

**But du jeu** : amener le premier ses 3 Indiens au centre de la cible.

**Déroulement du jeu**
— tirage au sort du 1er joueur ;
— choix du camp et de ses pions ;
— on joue chacun à son tour ;
— chaque joueur lance le dé et avance un de ses pions du nombre de pas correspondant au nombre de points sur le dé ;
— les 3 pions étant en piste chaque joueur fait avancer le pion de son choix selon la stratégie de chacun d'eux ;
— tout joueur qui dépasse la case cible doit rétrograder du nombre de points qu'il lui reste à faire ;
— celui qui met le premier ses 3 pions au centre a gagné.

**Remarque** : Le nombre de cases d'un camp par rapport à l'autre était approximativement voisin mais non égal ; la piste dessinée par Cyril a été vérifiée et redessinée par le groupe.

**Objectifs**

notion d'ensemble

notion de cardinal
logique :
stratégie

topologie :
intérieur
extérieur de la
cible

La règle émise par Cyril : avancer d'1 case quand le dé marque 6, ne pas avancer dans le cas contraire, fut remise en question car le jeu était interminable.

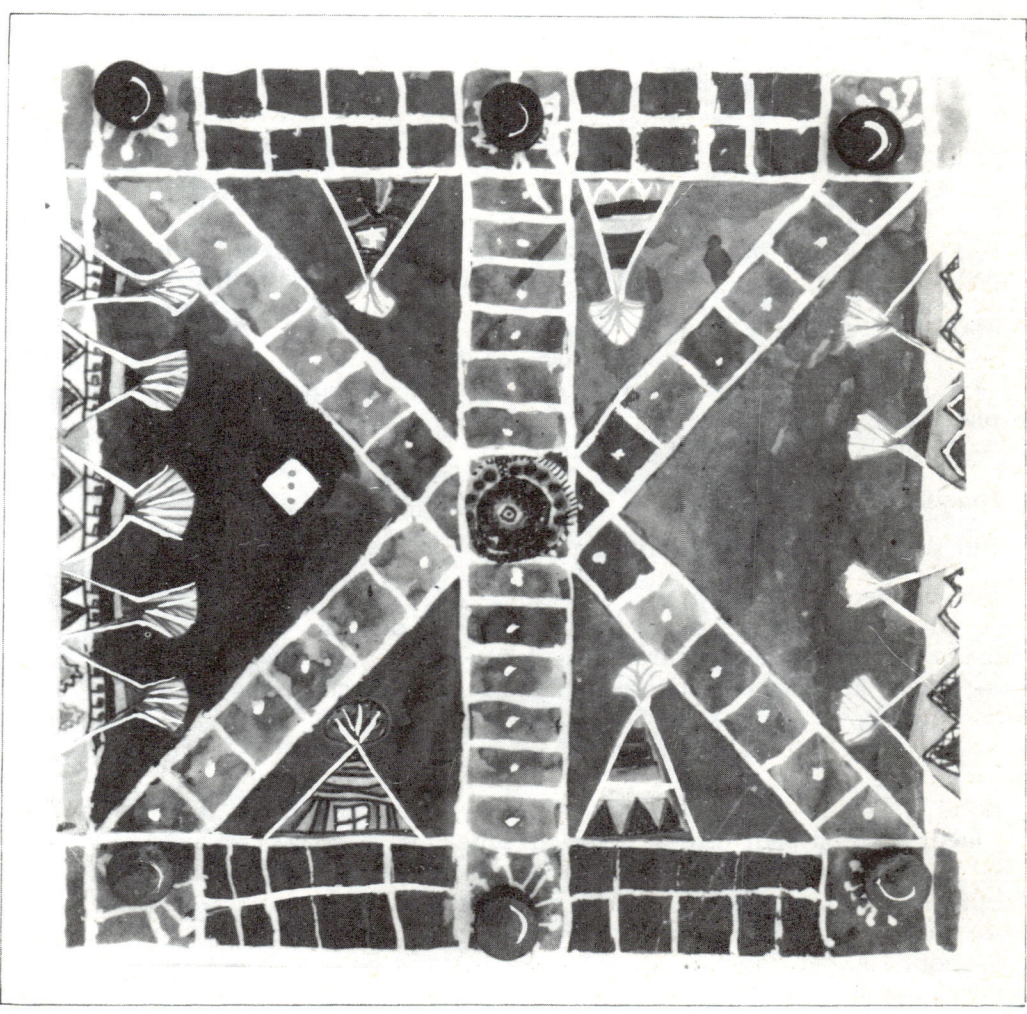

# Le jeu de cow-boys et d'Indiens

C'est le jeu créé par Franck. Franck ne trouvant plus de dé ordinaire s'empare d'un dé à 3 couleurs jamais encore utilisé.

**Matériel**
— 1 planche « cow-boy » fabriquée en classe ;
— 1 dé à 3 couleurs (correspondant aux couleurs de la planche) ;
— 1 cow-boy ou 1 Indien par joueur.

**Joueurs** : 2 ou 3.

**But du jeu** : arriver le premier à la case grillagée.

**Déroulement du jeu**
— choix du pion et de l'emplacement de départ : une des cases dessinées (ici cow-boy ou Indien) ;
— tirage au sort pour déterminer le premier joueur (par une comptine) ;
— on joue chacun à son tour ;
— chaque joueur lance le dé et si la couleur du dé correspond à la couleur de la case adjacente à celle du pion du joueur, le pion peut être avancé sur celle-ci ;
— chaque joueur décide de son itinéraire pour arriver au but ; il peut même en changer au cours du jeu ;
— plusieurs pions peuvent se trouver sur la même case ;
— pour tomber dans la case grillagée il suffit de lancer n'importe quelle couleur, cette case étant neutre.

**Objectifs**

notion d'équivalence

Les créations individuelles 103

**Remarque** : Comme pour les jeux précédents, les enfants se sont vite aperçus que les chances n'étaient pas égales dès le départ. Il a fallu réorganiser le jeu de façon qu'il y ait, pour tous les joueurs, des parcours ayant le même nombre minimal de sauts.

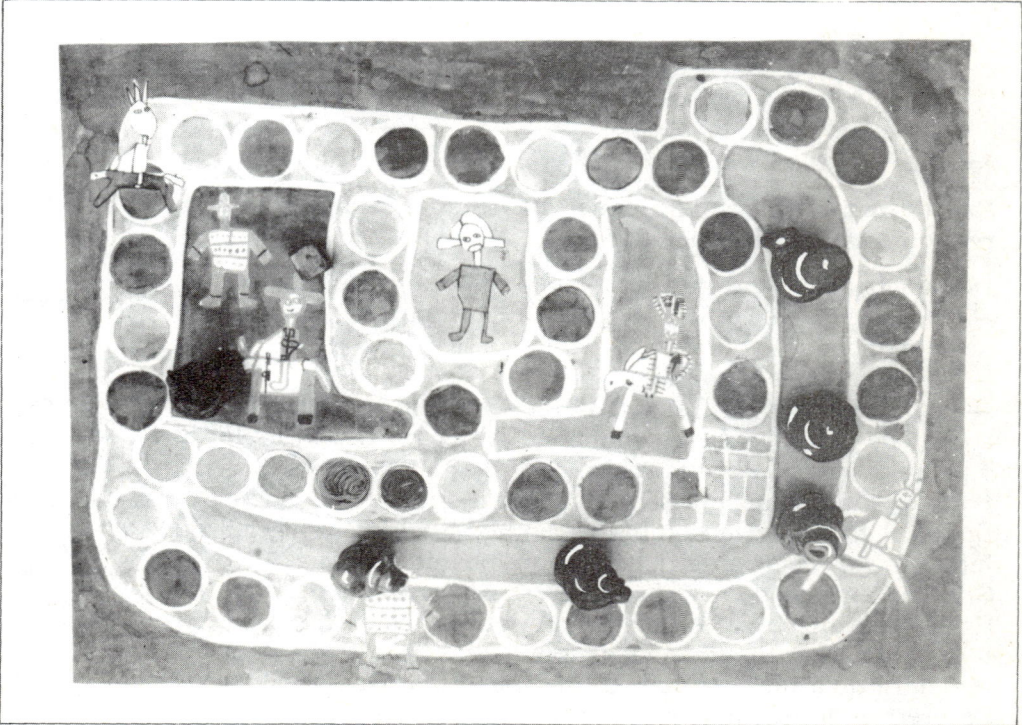

# Le jeu d'Emmanuel

**Matériel**
— 1 planche du jeu de solitaire (voir page 55) ;
— 33 fiches ;
— 1 dé de 0 à 5 ou de 1 à 3, deux fois sur le même dé.

**Objectifs**

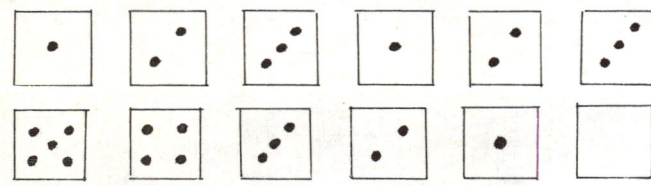

**Joueurs** : de 2 à 3.

**But du jeu** : replacer le premier 10 fiches préalablement retirées dans la planche du solitaire.

**Déroulement du jeu**
— chaque joueur retire 10 fiches, « autant que de doigts », de la planche du solitaire ;
— tirage au sort du premier joueur ;
— le premier joueur lance le dé et réinstalle dans la planche autant de fiches que le commande le jet de dé, exemple : à 5 points correspondent 5 fiches.
Pour qu'un joueur puisse effectuer la remise en place des fiches, il faut que le nombre de points sur le dé soit égal ou inférieur au nombre de fiches encore possédées.
Si le nombre de points sur le dé est supérieur au nombre de fiches restant entre les mains du joueur, celui-ci passe son tour, exemple : si un joueur possède 3 fiches, il ne peut répondre qu'à un jet de dés de 3, 2 ou 1, mais jamais de 4.
Le premier joueur à avoir replacé ses 10 fiches a gagné.

correspondance terme à terme

notion de cardinal (nombre)

comparaison d'ensembles
— plus que
— moins que

# Le jeu de Benoît

**Matériel**
— 1 planche « Benoît » fabriquée en classe ;
— 1 dé de 1 à 6 ;
— 12 billets de 10 F (dessinés par les enfants) ;
— 12 billets de 5 F ;
— 12 contraventions ;
— 1 jeton différencié par joueur.

**Joueurs** : de 2 à 4.

**But du jeu** : capitaliser, à l'arrêt du jeu, plus de billets que les autres joueurs.

**Déroulement du jeu**
— tirage au sort du premier joueur ;
— partage par celui-ci des billets en nombre égal pour chacun des joueurs ; on partage
a) les billets de 10 F ;
b) les billets de 5 F ;
— chaque joueur, à son tour, lance le dé et fait avancer son pion à partir de la case « départ » dans la direction qu'il choisit, d'un nombre de sauts égal au nombre de points sur le dé ;
— certaines cases obligent le joueur :
▫ à rejouer ;
▦ à payer une amende immédiatement, à poser sur le château (indifféremment 5 ou 10) ;
▨ à prendre une contravention ;
— dès qu'un joueur arrive dans la case « château » le jeu s'arrête : les joueurs munis de contraventions doivent alors les payer de 2 billets chacune (indifféremment 5 ou 10).

**Objectifs**

correspondance terme à terme, pour l'E billets de 5 l'E billets de 10 autant que stratégie choix logique

approche de la fonction symbolique

Le joueur arrivé au château ramasse la totalité des billets amenés par les amendes et les contraventions. Une comparaison s'effectue alors entre les ensembles de billets des différents joueurs. Le joueur en possédant le plus a gagné.

*comparaison entre ensembles
plus que
moins que*

**Remarques**
Cette année-là, comme la suivante, les enfants remarquent avec stupéfaction, et quelquefois avec un certain dépit, pour le premier arrivé, que ce n'est pas obligatoirement lui qui gagne, d'où l'importance des choix de chacun.

Ce jeu a été inventé tel quel par Benoît et joué ainsi cette année-là ; les billets de 5 et de 10 F ne présentent qu'une différence de graphie et d'appellation, mais n'entraînant pas de prise en compte de leurs valeurs respectives.

L'année suivante, le jeu fut repris et les règles légèrement modifiées, les cases ⊠ permettant soit de passer son tour
⊞ soit de payer une amende,
⊡ permettant soit de rejouer,
soit de gagner un billet.

*conjonction « ou »*

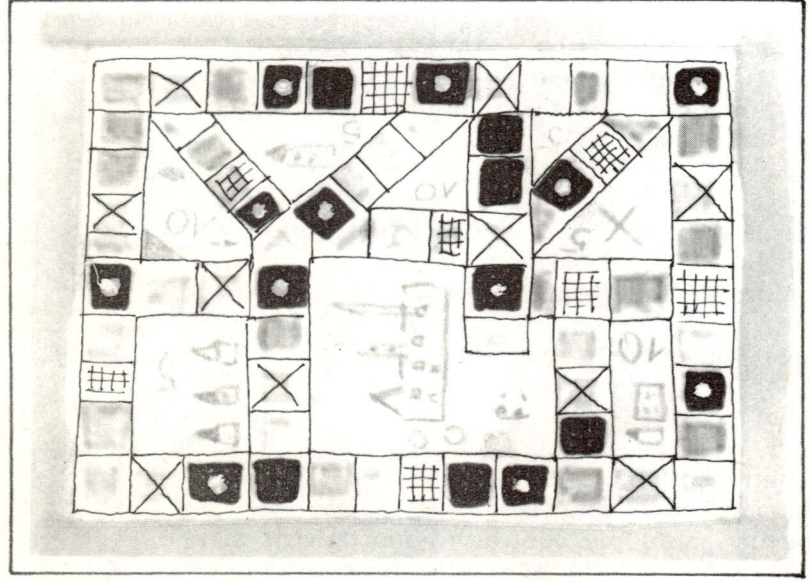

# Le jeu des animaux sauvages

**Matériel**
— 1 planche « animaux sauvages » fabriquée en classe ;
— animaux moulés en plastique :
. animaux domestiques (une quinzaine) ;
. animaux sauvages (des prédateurs) : 1 par joueur ;
— 1 dé : de 1 à 6 ou de 0 à 5.

**Joueurs** : de 2 à 4.

**But du jeu** : avoir attrapé plus de proies que ses adversaires.

**Déroulement du jeu**
— choix de son animal prédateur par chaque joueur, placé à la case départ ;
— disposition par tous les joueurs sur le tiret de leur choix des animaux domestiques ; les proies placées ainsi au hasard resteront immobiles ;
— tirage au sort du 1er joueur ;
— le premier joueur lance le dé et fait un nombre de sauts sur les tirets correspondant au nombre de points sur le dé ; les autres joueurs font de même ;
— à chaque intersection, le joueur choisit la direction de son choix, selon la proie qu'il entend attraper ;
— il faut, pour attraper une proie, que le pion prédateur tombe exactement sur le même tiret : le prédateur reste à cet emplacement tandis que le joueur s'empare de la proie ;
— le pion prédateur, par un nombre de sauts plus important, peut être amené à dépasser sa proie ; il aura, au tour suivant, le droit de reculer.

**Objectifs**

notion de **cardinal**

— structuration de l'espace : choix de la direction

— quand toutes les proies sont capturées, le jeu s'arrête et l'on compare entre elles les prises de chacun des joueurs.

Le joueur en ayant le plus grand nombre a gagné.

**comparaison d'ensembles : plus que moins que**

Chapitre 4

# LES JEUX DIDACTIQUES

De même que l'enfant apporte, crée ses jeux, l'enseignant en propose à la classe. Il les choisit en fonction des objectifs poursuivis par l'école maternelle et définis par les instructions officielles.
Ce sont des jeux à dominante cognitive favorisant :
— la connaissance de l'environnement : jeux sensoriels de toucher, de discrimination visuelle, auditive ;
— les activités opératives : classement, rangement, recherche de relations diverses ;
— la maîtrise des symboles ;
— l'expression et la communication.

L'adulte est le meneur de jeu, l'incitateur, le stimulateur. L'enfant reste libre de participer au jeu ou pas : ce ne sont pas des exercices systématiques.

# Le puzzle colin-maillard

**Matériel**
— 1 boîte par enfant. Chaque boîte contient les mêmes éléments en nombre et en forme.

**Joueurs** : 2 et plus, et un meneur de jeu.

**Fabrication des formes**
Elles doivent être parfaites. L'enseignant se charge du découpage. Ce sont des formes qui vont servir à reproduire un personnage, un animal, une maison... Elles sont découpées dans du carton épais. Par exemple, pour ce bonhomme, il faut

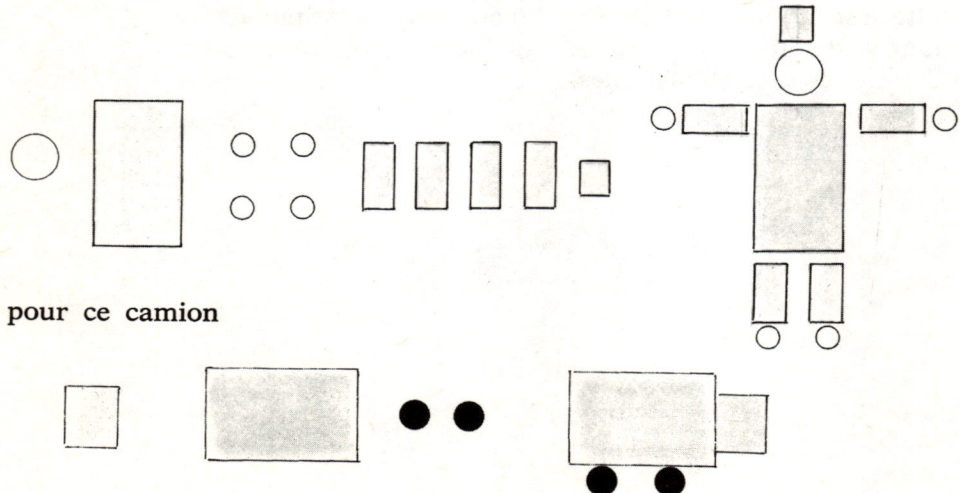

pour ce camion

Les enfants jouent avec les formes et essaient de reconstituer **Objectifs**
des personnages, des objets. La classe constitue ainsi un
catalogue de reproductions types. L'adulte leur demande de
regarder les formes, de les manipuler, de les reconnaître les
yeux fermés.
Ces jeux doivent se répéter afin que l'enfant prenne conscience
de leur différences, non seulement visuellement mais aussi au
toucher.

**But du jeu** : les yeux fermés, reconstituer le premier un
« dessin type » à l'aide de formes.

**Déroulement du jeu**
— le meneur de jeu donne une boîte à chaque joueur et
demande de reproduire un « dessin type », exemple : le camion ;
— les yeux ouverts, les joueurs reconstituent le camion ;
— ils remettent ensuite les éléments dans leur boîte ;
— le meneur de jeu bande les yeux des enfants ;
— les joueurs recherchent les formes par tâtonnement et
reconstituent le dessin demandé.

affinement
du toucher
notion d'ensemble
notion de forme
structuration
de l'espace

Le premier qui a terminé a gagné.

**Variantes**
Les mêmes formes sont utilisées pour apparier les formes
2 à 2.
Elles sont rangées en double exemplaire dans des boîtes :
— chaque enfant possède une boîte ;
— il a les yeux bandés ; au signal de l'enseignant ou du
meneur de jeu il doit retrouver deux formes semblables ;
— le premier à les apparier a gagné.
On peut compliquer, dans un temps donné, retrouver, 2 à 2,
le plus grand nombre de formes.
Chercher l'intrus entre les formes identiques :
— chaque enfant possède une boîte où toutes les formes
sont semblables sauf une ;
— le premier à retrouver cette forme intruse a gagné.

Pour ces deux jeux, il est intéressant d'utiliser les blocs
logiques.

# Les coussinets

A partir de 4 ans.

**Fabrication du matériel**
*Matériau :*
— tissu pour les coussinets et les sacs ;
— matériaux offrant une diversité de sensation tactile :

|  |  |
|---|---|
| grosses perles | billes |
| petites perles | trombones |
| farine | clous |
| sable | |

L'enseignant confectionne des coussinets, de format 6 cm × 6, de même tissu et de même couleur. Les enfants y introduisent les matériaux qu'ils ont choisis : coussin de farine, ou de perles, ou de clous...

*Pour 4 enfants il faut :*
— 20 coussinets, soit 5 fois 4 contenus différents ;
— 4 sacs, de format 15 cm × 25 avec une ouverture pour plonger la main.

Les coussinets terminés les enfants les manipulent, essaient de deviner ce qu'il y a dedans, recherchant deux coussinets identiques.

**Joueurs** : de 2 à 4.

Deux jeux sont proposés

# La paire

**Matériel par enfant**
— 1 sac contenant 4 coussinets différents ;
— 1 coussinet identique à un de ceux contenus dans le sac ;
*exemple*
1 sac contenant : 1 coussinet farine, 1 coussinet clous, 1 coussinet perles et 1 coussinet trombones.

**But du jeu** : retrouver, le premier, dans le sac, le coussinet identique.

**Déroulement du jeu**
— l'enseignant distribue 1 coussinet et 1 sac de coussinets par enfant ;
— 1 joueur tiré au sort donne le signal du départ ;
— les enfants doivent retrouver, en plongeant la main dans leur sac posé à plat sur la table, le coussinet identique au coussinet distribué ;
— les joueurs ne doivent pas regarder le contenu de leur sac.

**Objectifs**

développement du toucher

équivalence

# L'intrus

**Matériel par enfant**
— 1 sac contenant 3 coussinets identiques et 1 coussinet différent ;

**But du jeu** : retrouver le premier l'intrus.

**Déroulement du jeu**
— 1 joueur tiré au sort distribue 1 sac par enfant et donne le signal du départ,
— les enfants plongent alors leur main dans le sac et doivent retrouver l'intrus sans regarder à l'intérieur du sac. (Dans l'exemple donné, l'intrus sera le coussinet avec les petites perles.)

# Le trou et la forme

**Matériel**
— 1 à 4 formes et leur support ;
— 2 à 3 formes ne correspondant pas aux supports précédents ;
— 1 foulard.

**Objectifs**

**Fabrication des formes**
L'enseignant se charge de la fabrication qui doit être minutieuse. Sur des cartes de format 5 cm × 5 cm, dessiner des formes, les découper et garder la forme du support.

**Exemples de formes**

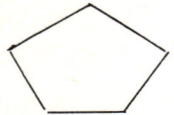   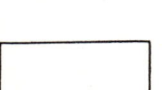 

Les enfants jouent, enlèvent les formes de leur support, les visualisent mais, surtout, manipulent aussi bien la forme en creux dans le support que la forme découpée. L'enseignant demande de le faire en fermant les yeux.

**Joueurs** : 2 et plus.

**But du jeu** : les yeux fermés, remettre le premier une ou plusieurs formes dans les supports correspondants.

**Déroulement du jeu**
— chaque joueur choisit une ou plusieurs formes et leur support et s'entraîne à les manipuler les yeux ouverts puis fermés ;

**affinement du toucher**

— il prend ensuite 2 ou 3 formes ne se rapportant pas aux siennes et les mélange à celles-ci ;
— l'adulte ou un autre enfant bande les yeux des joueurs ;
— au signal, ils doivent rechercher leur(s) forme(s) et le(s) replacer dans leur support.

**notion de forme**

rapidité

Le premier qui a rempli son ou ses supports a gagné.

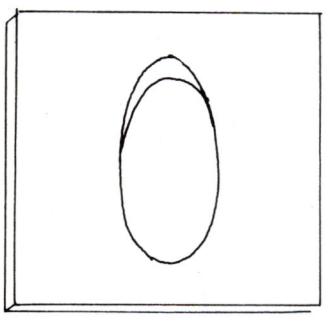
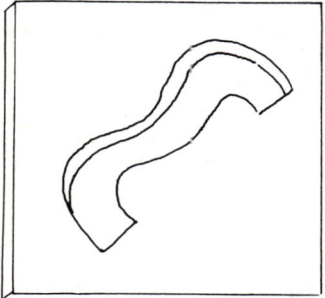
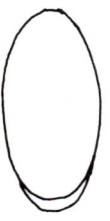
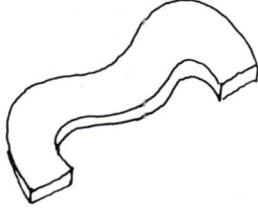

# Les cartes à tissu

Jeu tactile. A partir de 4 ans.

**Matériel par enfant**
— 1 support à tissu ;
— 6 cartes à tissu différentes dont 4 identiques à celle du support.

*Fabrication du matériel*
*Matériau :*
— cartoline ;
— colle, ciseaux ;
— morceaux de tissu : velours, lainage, lin, soie, crêpe, fourrure, etc.

Dans la cartoline :
— découper des cartes de format 4 cm × 4 sur lesquelles les enfants collent des morceaux de tissu de même dimension ;
— découper des supports de format 14 cm × 14 sur lesquels les enfants collent des morceaux de tissu identiques aux précédents.

**Joueurs** : de 2 à 4 et 1 meneur de jeu.

**But du jeu** : compléter sa carte le premier.

**Déroulement du jeu**
Chaque enfant possède 1 support qu'il a regardé et touché.
— le meneur de jeu bande les yeux des joueurs ;
— il dispose devant chacun d'eux 6 cartes différentes ;
— au signal, donné par le meneur, chaque enfant touche ses cartes et cherche parmi elles les 4 cartes correspondant à celles du support.

Le premier qui a trouvé ses 4 cartes a gagné.

**Objectifs**

affinement du toucher

notion d'équivalence

# La danse des maracas

A partir de 3 ans

**Fabrication des instruments**

*Matériel pour les contenants* :
— pots de yaourt dont la matière doit être identique (ou carton, ou plastique) ;
— élastiques ;
— morceaux de tissu de couleurs différentes (2 couleurs).

*Matériel pour les contenus* :
— éléments à choisir avec les enfants, par exemple : graines de toutes sortes ; perles ; sable ; pièce de monnaie ; grelot ; écrous, etc.

Il s'agit de fabriquer des maracas identiques deux à deux quant au contenu, et différenciées par la couleur soit de leur couvercle, soit du pot.

Après recherche préalable avec les enfants, nous aurons, par exemple, des pots contenant :

*couvercle ou pot bleu* : 1 lentille ; 10 lentilles ; 1 lentille + 4 perles ; 2 perles en bois ; 10 perles en bois ; 1 grelot ; du sable ; une pièce de monnaie ; rien.

*couvercle ou pot rouge* : 1 lentille ; 10 lentilles ; 1 lentille + 4 perles ; 2 perles en bois ; 10 perles en bois ; 1 grelot identique ; même quantité de sable ; 1 pièce de monnaie ; rien.

Les enfants de la classe des grands fabriquent eux-mêmes leur maracas.

Chacun se donnant une consigne précise, garnit deux pots de contenu identique et différenciés l'un de l'autre soit par la couleur du pot, soit par celle de son couvercle.

Les enfants jouent avec les maracas, les apparient et ont la possibilité d'ouvrir les pots pour en vérifier le contenu.

**Matériel**                                                                 **Objectifs**
— deux séries de 12 maracas ;
— 1 tapis.

**Joueurs** : 4 et 1 meneur de jeu.

**But du jeu** : apparier le premier 2 maracas identiques.

**Déroulement du jeu**
— les maracas sont posées sur le tapis ;
— les joueurs choisissent leurs maracas parmi une série de même couleur, par exemple, série rouge ;
— chaque joueur prend 3 maracas de la série rouge, les agite et écoute attentivement le bruit produit ;   attention auditive
— les enfants tirent au sort le premier joueur ;
— celui-ci choisit une des maracas bleues posées sur le tapis et compare le bruit produit avec celui des siennes ;
— si le joueur reconnaît le même bruit, il la garde, sinon il la remet sur le tapis ; comme l'écoute est collective, les autres joueurs interviennent en cas d'erreur ;   notion d'équivalence
— le suivant fait de même, et ainsi de suite.
— les joueurs peuvent repérer, visuellement, sur le tapis, la place de la maracas qui peut être identique à la leur lorsqu'un joueur la repose sur le tapis.   mémorisation

Le premier qui a trouvé son double jeu a gagné.

**Variantes**
— apparier, 3, 4 maracas de bruits identiques ;
— jouer simultanément ;
— chercher l'intrus parmi des maracas au bruit identique.

Ce jeu peut se faire en petite section avec 1, puis 2 maracas par enfant. La présence de l'enseignant est nécessaire.

# Les pots à odeurs

A partir de 3 ans.

**Matériel**
— pots de yaourt ou de petit suisse, opaques et tous identiques ;
— morceaux de tissus de couleur identique et foncée, afin que les ingrédients ne les colorent pas ;
— élastiques de deux couleurs ;
— poudre de chocolat, muscade, cannelle, café, vanille, céleri ;
— herbes : thym, menthe, lavande ;
— parfums : citronnelle, ambre, lavande, violette, cologne, etc.

**Fabrication**
Il s'agit de fabriquer au moins deux pots par odeur.
Les enfants ont senti toutes les odeurs (poudres, herbes, parfums), les ont reconnues et éventuellement nommées.
Ils participent alors à la fabrication des « pots à odeur ».
Ils choisissent leur odeur, l'enferment soigneusement à l'aide des tissus et des élastiques et cela dans deux pots différenciés par la couleur des élastiques ou autre chose (série A — série B).
Insistons sur le fait que les enfants doivent, au préalable du jeu, sentir et éventuellement nommer les ingrédients contenus dans les pots.

**Joueurs** : de 2 à 4.

**But du jeu** : réussir le premier à réunir deux à deux des pots de même odeur.

## Déroulement du jeu
— les pots sont disposés sur la table ;
— chaque enfant prend de 1 à 3 pots (selon la consigne donnée) dans la série A ;
— au signal, chacun recherche parmi les pots de la série B, disposés au centre de la table, celui ou ceux correspondant à l'odeur identique au(x) sien(s) ;
— quand un enfant possède le pot de même odeur, il le garde et le place à côté du pot correspondant ;
— s'il ne possède pas cette odeur, il repose ce pot au milieu de la table ;
— l'enseignant ou un autre enfant vient vérifier s'il n'y a pas d'erreur ;
— s'il y a erreur, l'enfant concerné repose le pot choisi au centre et le jeu continue.

Le jeu est terminé quand un enfant possède son ou ses double(s) jeu(x) de pots.

## Rangement du matériel
Afin que les odeurs se conservent et ne se mélangent pas, il faut les ranger soigneusement par odeur dans des boîtes hermétiques ou des sacs en plastique.

## Autre matériel
Le même jeu peut se faire
— avec des coussinets de tissu contenant des herbes aromatiques : thym, menthe, sauge ;
— avec des cotons imprégnés de parfums très différents : par exemple : lavande, citronnelle, cologne, violette, ambre...

**Variante** : chercher l'intrus.
Reconnaître le premier, parmi plusieurs pots, coussinets ou cotons d'odeur identique celui d'une odeur différente.

## Objectifs
affinement de l'odorat

notion d'équivalence

# Dé à couleurs

A partir de 2 ans 1/2, 3 ans.

**Matériel par enfant**
— 1 support cartonné format 18 × 18 divisé en 6 cases (cf. ci-dessous) peintes en rouge et vert, ou rouge et bleu ;
— 1 dé avec 2 faces peintes en rouge, 2 en vert, 2 en bleu, ou autres couleurs ;
— 3 cartes rouges, 3 cartes vertes ou 3 cartes rouges, 3 cartes bleues de format 6 × 6.
Veiller à ce que les couleurs soient identiques sur les cartes et sur les dés tant en intensité qu'en nuance,

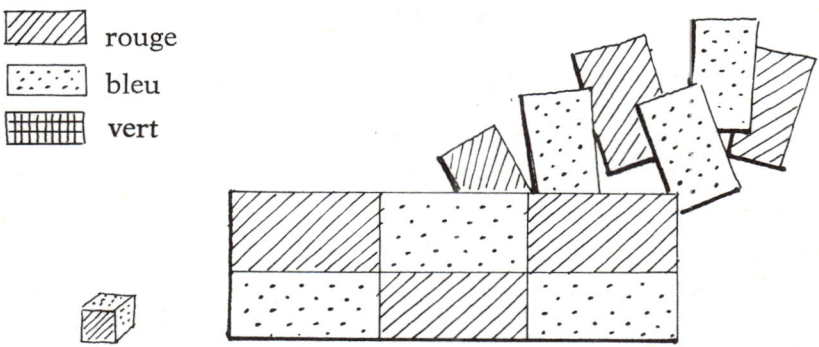

**Remarque** : les plus grands peuvent jouer avec un dé pour le groupe, les plus petits ont besoin de s'approprier leur dé.

**Joueurs** : 4 plus l'institutrice chez les petits.

**But du jeu** : remplir sa carte le premier.

**Déroulement du jeu**

Les cartes sont disposées au milieu de la table, chaque joueur dispose de son support.

— le premier joueur tiré au sort lance le dé ; si la face rouge apparaît, il met une carte rouge sur son support, de même pour les autres couleurs ;

— si la face ne correspond pas à une couleur de son support, le joueur passe son tour ;

— de même s'il a déjà rempli les cases de la couleur indiquée par le dé ;

— le joueur suivant fait de même, et ainsi de suite.

Le premier qui a rempli son support a gagné.

**Objectifs**

reconnaissance des couleurs

notion d'équivalence même couleur que

notion d'ensemble

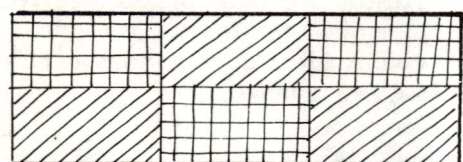

# Le loto-pressions

A partir de 3 ans.

**Matériel par enfant**
— 1 dé à couleurs :
. 2 couleurs pour les petits (3 faces ayant donc la même couleur),
. 5 couleurs chez les plus grands et 1 face vierge ;
— 1 grille ;
— 5 pressions de toutes couleurs pour les petits ; et 10 pressions pour les plus grands.

**Joueurs** : de 1 à 5.

**But du jeu** : placer le premier toutes ses pressions sur la grille.

**Déroulement du jeu**
— le meneur de jeu (l'enseignant pour les petits) distribue de 5 à 10 pressions de toutes couleurs (il peut y en avoir plusieurs de la même couleur) ;
— le premier joueur désigné par le sort jette son dé ;
— si celui-ci indique une couleur correspondant à celle d'une de ses pressions, il pose celle-ci sur la grille ; sinon il passe son tour ;
— le deuxième joueur fait de même, et ainsi de suite.

Le premier qui a placé toutes ses pressions sur la grille, a gagné.

**Objectifs**

reconnaissance de couleurs

# Le personnage

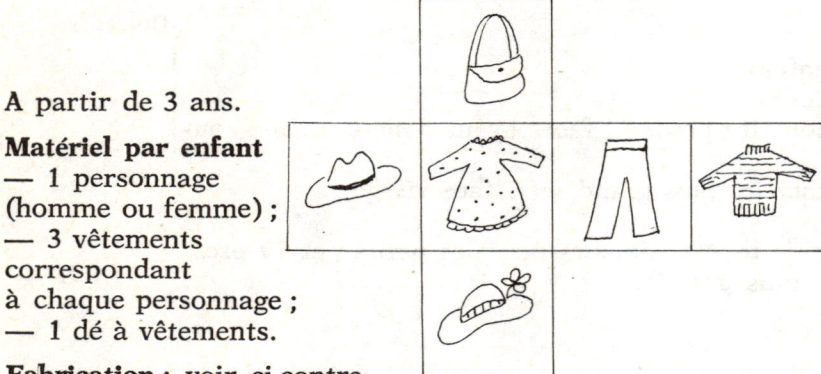

**A partir de 3 ans.**

**Matériel par enfant**
— 1 personnage (homme ou femme);
— 3 vêtements correspondant à chaque personnage;
— 1 dé à vêtements.

**Fabrication** : voir ci-contre.

**Joueurs** : de 2 à 4 plus l'institutrice en petite section.

**But du jeu** : habiller le premier son personnage.

**Déroulement du jeu**
— chaque joueur prend un personnage;
— l'enseignant dispose les vêtements au centre de la table;
— le premier joueur, tiré au sort, jette le dé; si la face du dé indique un vêtement appartenant à son personnage, il prend le vêtement sur la table et le pose sur son personnage; sinon, il passe son tour.
— Ainsi de suite pour les autres joueurs.

Le premier joueur ayant habillé son personnage a gagné.

notion d'appartenance ou de non-appartenance à un ensemble

Les jeux didactiques

# La face cachée

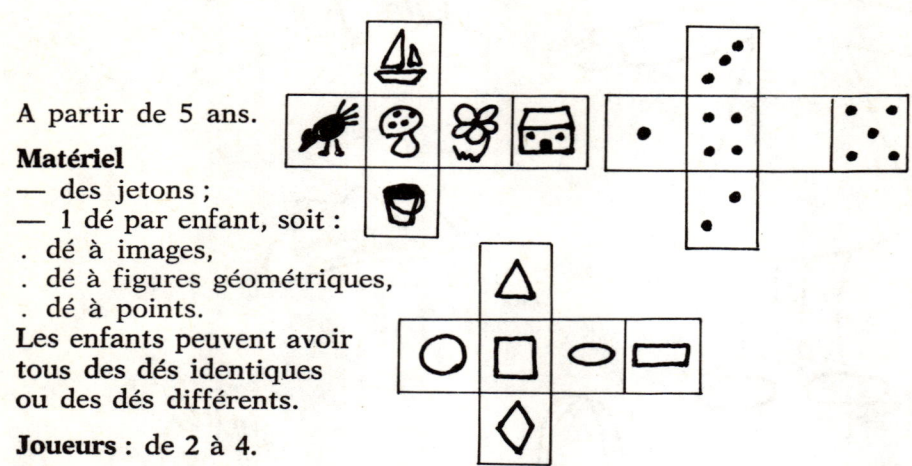

A partir de 5 ans.

**Matériel**
— des jetons ;
— 1 dé par enfant, soit :
. dé à images,
. dé à figures géométriques,
. dé à points.
Les enfants peuvent avoir tous des dés identiques ou des dés différents.

**Joueurs** : de 2 à 4.

**But du jeu** : posséder le plus de jetons.

**Déroulement du jeu**
— les jetons sont posés sur la table ;
— chaque enfant prend un dé ;
— ils observent attentivement toutes les images du dé ;
— au signal, ils jettent leur dé ;
— le premier qui nomme la figure représentée sur la face cachée du dé prend un jeton ;
— ils relancent leur dé et ainsi de suite.

Celui qui possède le plus de jetons a gagné : les enfants comparent leur tas.

**Variante**
Ce jeu peut se faire avec un dé commun à tous les joueurs. Dans ce cas les joueurs jouent chacun à leur tour. Celui qui commet une erreur ne prend pas de jeton.

**Objectifs**

mémorisation

rapidité

structuration de l'espace

comparaison d'ensembles

# Dés et formes

**Matériel**
— 1 jeu Puzzlaso :
. 1 grille plastifiée par joueur ;
. 1 boîte de pressions de 4 formes, de 5 couleurs ;
ou
— 1 jeu construit avec :
. 1 grille cartonnée (12/20 carreaux) par joueur ;
. 1 lot de gommettes de 4 formes, 4 couleurs ;
— 1 dé de 0 à 5 ;
— une dizaine de « dessins types » recopiés depuis les créations enfantines où seront utilisés les éléments ci-dessus.

**Joueurs** : de 2 à 4.

**Déroulement du jeu**
— les dessins types sont exposés face cachée sur la table ;
— tirage au sort du premier joueur ;
— le premier tire un dessin type et le pose comme modèle au centre des joueurs ;
— chaque joueur à son tour lance le dé et prend un nombre d'éléments équivalent au nombre de points sur le dé, mais en ayant la possibilité de les choisir :
. soit de même couleur, exemple : ● 4 éléments rouges ;
. soit de même forme, quelle que soit leur couleur, exemple :
  □ 4 éléments carrés ;
— coup après coup, chaque joueur reconstruit le dessin type avec les éléments gagnés ;
— si un jet de dé est supérieur au nombre d'éléments à poser (en couleur ou en forme) le joueur passe son tour ;

**Objectifs**

autant que cardinal

stratégie, choix

reconnaissance de formes, de couleurs
topologie
repérage sur quadrillage

Le premier joueur à reconstituer correctement le dessin type a gagné.

**Variante simplifiée**

Reconstituer un dessin proposé par l'enfant ou l'adulte à l'aide de 2 dés :
— 1 dé de couleurs : 3 couleurs (× 2 faces) ;
— 1 dé de formes : 3 formes □ ○ △ (× 2 faces).
Chaque joueur prend ce que lui commande le jet des 2 dés, conjonction « et » exemple : □ « et » rouge.

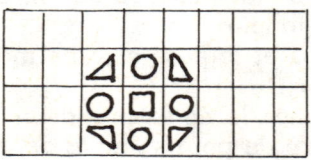

# Le jeu des prises

**Matériel**
— 1 grille de 6 carreaux × 6 ;
— 2 dés, spécifiques, chaque dé portant les représentations :
. l'un de l'entrée horizontale, formes,
. l'autre de l'entrée verticale, couleur ;
— un même nombre de pions différenciés par joueurs (4 à 6 pions).

**Joueurs** : de 2 à 4.

**But du jeu** : être le dernier joueur à garder un ou plusieurs pions sur la grille.

**Déroulement du jeu**
— chaque joueur dispose l'ensemble de ses pions sur la grille en les plaçant comme il l'entend à l'intérieur des carreaux ;
— tirage au sort du 1ᵉʳ joueur ;
— chaque joueur, à tour de rôle, lance les dés et a droit de prendre tout pion, hormis les siens, qui se trouve à l'intérieur de la case désignée par les dés ;
— le fait de tomber sur une case où est placé un de ses pions donne le droit de rejouer.

Quand il ne reste que les pions d'un joueur sur la grille, celui-ci a gagné.

**Objectifs**

autant que
correspondance
terme à terme
notion de cardinal

notion
d'ensembles finis
intérieur
chronologie
d'action
repérage
sur quadrillage

**Variante**

*But du jeu* : s'emparer du plus grand nombre de pions possible ou l'inverse (les siens compris),
— avec arrêt du jeu à la prise du dernier pion ;
— comparaison des ensembles des prises des différents joueurs.

comparaison terme à terme
plus que, moins que

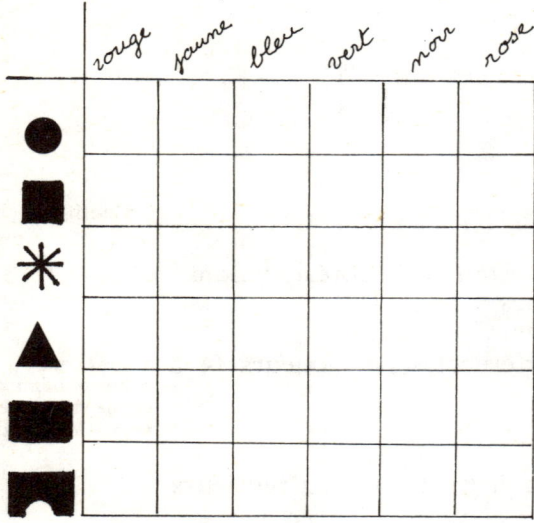

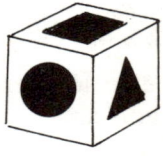

## *D'un côté ou de l'autre*

**Matériel**
— 1 planche « directions » fabriquée par les enfants ;
— 1 pion par joueur ;
— 1 dé à flèches (le trait gras permettant d'orienter le dé par rapport au joueur).

**Objectifs**

**Joueurs** : de 2 à 4.
*Position* : à chaque coin du jeu.

**But du jeu** : amener le premier son pion dans la zone centrale.

**Déroulement du jeu**
— tirage au sort pour déterminer le premier joueur ;
— placer son pion dans une zone de départ A, B, C, D ;
— jeter le dé chacun à son tour, suivant le sens de rotation adopté ;
— obéir au jet du dé suivant la direction indiquée par celui-ci en avançant jusqu'à la prochaine intersection ;
— si le dé indique une direction impossible à suivre, le joueur passe son tour ;
— plusieurs pions peuvent se rencontrer sur la même intersection.

suivre une direction

**Variante** : partir de la zone centrale et atteindre le premier une zone extérieure de son choix (choix pouvant varier en cours de jeu).

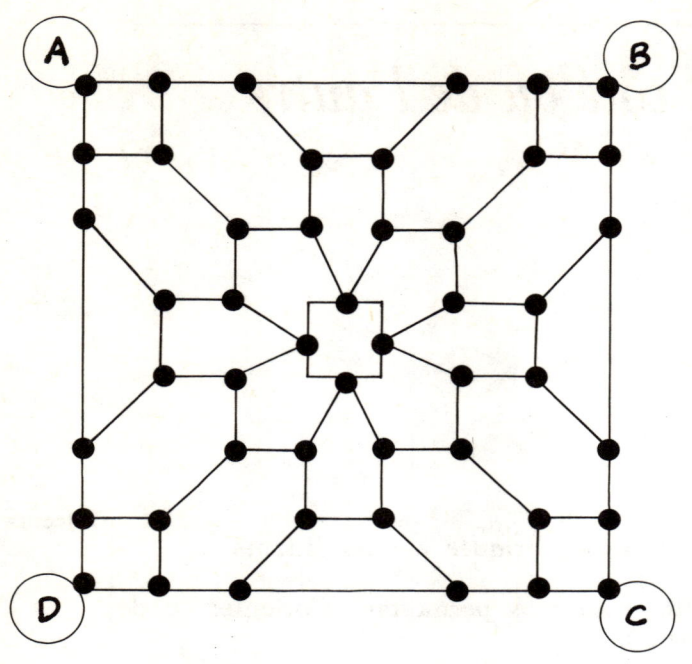

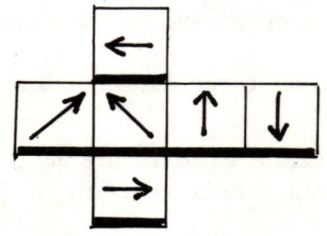

*Les jeux didactiques*   133

# Le jeu du labyrinthe

**Matériel**
— 1 planche « labyrinthe » fabriquée par les enfants ;
— 1 dé de 4 couleurs ou 1 dé « flèches », le trait gras représente la base de la face à lire ;
— même nombre de pions par joueurs (2 à 4).

**Joueurs** : de 2 à 4.
*Position* : autour du jeu

**But du jeu** : mettre le premier un ou tous ses pions dans la zone centrale.

**Déroulement du jeu**
— tirage au sort du premier joueur ;
— placer ses pions dans une case départ ;
— jeter le dé chacun à son tour ;
— obéir si possible au jet du dé en dirigeant le pion désiré dans la direction annoncée par le dé et cela jusqu'à l'intersection (•) de son choix. La direction est donnée *soit par le dé de couleur* : on se dirige alors vers le bord coloré de la planche, selon la couleur indiquée par le dé ; *soit par le dé fléché* : on suit alors la direction de la flèche.

Le premier qui a mis son ou ses pions dans la zone centrale a gagné.

**Objectifs**

structuration de l'espace
s'orienter sur un plan

stratégie : choix du pion en fonction de la direction

choix du nombre d'intersections à franchir

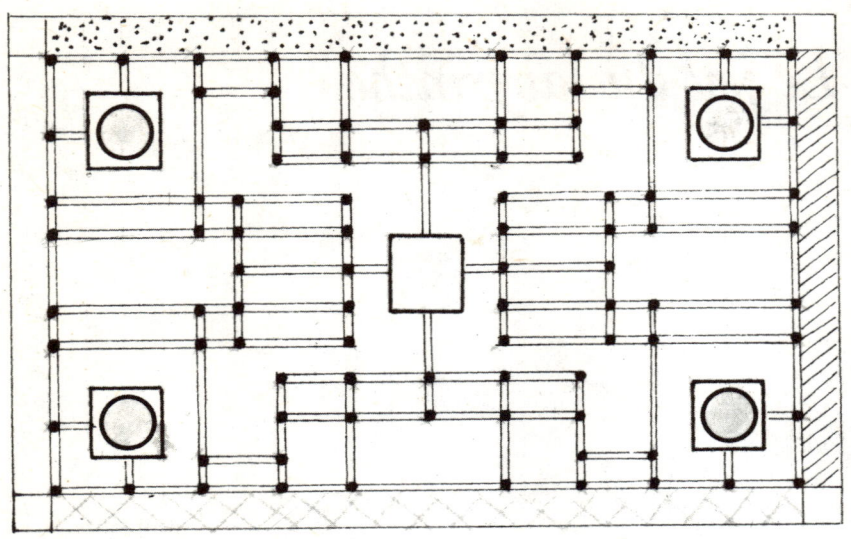

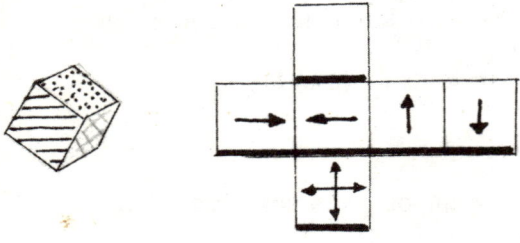

•   intersection

☐   case d'arrivée

◯   cases de départ

échelle : × 3 au minimum

# La grille des chalutiers

Le tri selon deux critères sous forme de tableau à double entrée est un exercice très prisé par de nombreux enfants au deuxième trimestre de grande section.

L'institutrice leur propose un exercice en utilisant les dessins des enfants déjà ronéotés pour le jeu, de « bateaux mistigris » et en faisant colorier chaque série de 4 bateaux avec une même couleur (1 série comprenant 1 chalutier, 1 bateau de guerre, 1 paquebot, 1 voilier).

On colorie ainsi quatre séries de bateaux et l'on obtient le tableau suivant :

La maîtresse, pour donner plus d'intérêt, propose le jeu suivant.

**Matériel**  **Objectifs**
— la grille et les cartes précédentes (16 cartes permettant 1 tri selon 2 critères ; ici : couleur et forme) ;
— 2 dés ;
. 1 dé de « formes » avec les symboles de chaque bateau :

ex : canon pour le bateau de guerre,

filet pour le chalutier,

. 1 dé de couleurs avec les 4 couleurs. Chaque dé possède 1 face ■ signifiant aucune sorte de bateau, aucune couleur ;
1 face □ joker signifiant toute couleur, toute sorte de bateaux.

**Joueurs** : de 2 à 4.

**But du jeu** : amasser plus de cartes que ses partenaires de jeu.

**Déroulement du jeu**
— tous les joueurs déposent les cartes sur la grille dans les cases correspondantes selon les 2 critères (ici, forme et couleur) ; **trier selon deux critères**
— tirage au sort du premier joueur ;
— chaque joueur, à son tour, jette les deux dés à la fois et prend la carte correspondant au jet des deux dés

ex ▦ + bleu : chalutier bleu ; **conjonction « et »**
— dans le cas où il tire ▦ □ il prend le chalutier de son choix ;
— dans le cas où il tire □ bleu il prend le bateau bleu de son choix ; **notion d'ensemble d'intersection**
— s'il tire la face ■ sur un des deux dés, il ne prend rien ;
— quand il n'y a plus de bateau sur la grille, les enfants comparent leurs différents ensembles de gains. **comparaison d'ensembles**

Celui qui en a ramassé le plus a gagné. **correspondance terme à terme plus que**

## *Le jeu du poulailler*

Aux alentours de Pâques, au moment où, pour notre gourmandise, les poules et les œufs en chocolat envahissent les commerces, les affiches, ce thème du renouveau, souvent exploité par les institutrices d'école maternelle, s'achève quelquefois par une course au trésor où les enfants découvrent avec jubilation des petit paquets d'œufs en sucre qu'ils ramèneront à la maison pour continuer la fête.

**Exploitant ce thème, dans sa classe de petits, Mireille W. a** présenté le livre *Bonjour, poussin* (Ecole des Loisirs) où les poules effrayées par la venue d'un chat noir se cachent et s'immobilisent à son passage.
Ce jeu proposé par la maîtresse et mettant en scène cette histoire a eu beaucoup de succès auprès des petits.

**Matériel**
— 1 planche poulailler (à fabriquer en classe) ;
— 4 petits œufs en sucre à placer dans le poulailler ;
— 4 petites poules de couleur différente : 1 rouge, 1 verte, 1 jaune, 1 bleue ;
— 1 dé.

**Joueurs** : de 2 à 4 plus la maîtresse comme meneur de jeu et 1 enfant « lanceur de dé ».

**But du jeu** : arriver le premier dans la case poulailler.

**Déroulement du jeu**                                           **Objectifs**

— chaque joueur prend « la poule » de la couleur qu'il désire et se place en face du chemin de couleur correspondante ;
— tirage au sort du premier joueur (par une comptine) ;
— chaque poule est sur sa case de départ ;
— le lanceur de dé jette le dé sur le jeu et selon la face du dé se trouvant au-dessus
si les faces sont │R│V│B│J│ le joueur ayant la poule de même couleur avance d'une case vers le poulailler ;

réponse à un signal visuel : équivalence de couleur

— ▪ qui représente le chat noir : les poules effrayées ne bougent pas et restent à leur place ;
— ⊠ toutes les poules avancent d'une case.

approche de la fonction symbolique

Le premier joueur à entrer dans le poulailler a gagné : il prend les 4 petits œufs et les donne à ses partenaires de jeu.

**Remarques** : les petits œufs en cours d'année ne sont plus nécessaires.
Ce jeu a passionné les petits qui, l'année suivante, l'ont réclamé à leur nouvelle maîtresse, pour y jouer, cette fois, sans l'aide de l'institutrice.

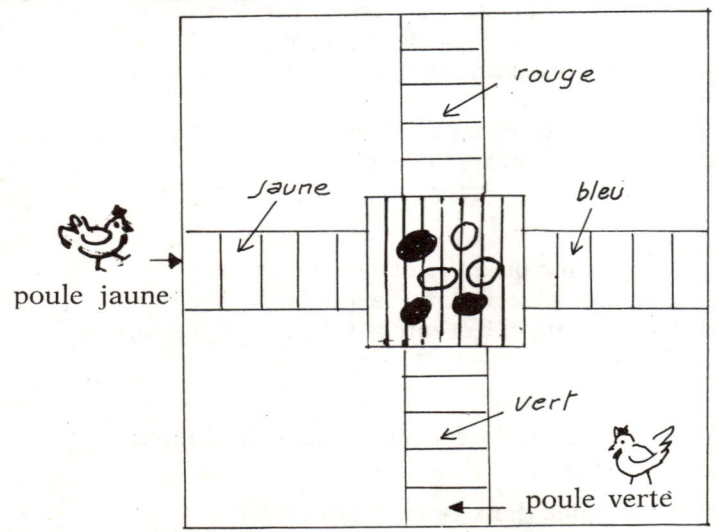

# Le petit Poucet

**Matériel**
— 1 planche « la forêt » fabriquée en classe ;
— 1 dé à couleurs,
ou
— 1 dé à flèches (le trait gras permettant d'orienter le dé par rapport à soi).

**Objectifs**

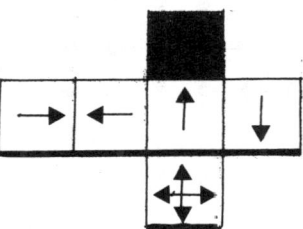

**Joueurs** : de 2 à 4.
*Position* : face à un chemin.

**But du jeu** : arriver le premier sur un chemin rouge, rose vert ou bleu.

**Déroulement du jeu**
— les joueurs placent leurs pions dans la case centrale ;
— tirage au sort du premier joueur ;
— chaque joueur à son tour lance le dé (couleurs ou flèches), il fait effectuer à son pion un saut d'une case dans la direction indiquée (pour le dé flèches, après avoir orienté le dé le trait gras vers lui) ;
Les avancées des pions se faisant dans les directions orthogonales (en passant par le milieu des côtés), le passage par les angles étant interdit par l'emplacement des arbres.

règle
déplacement sur un quadrillage
direction orthogonales

Le premier joueur à atteindre un chemin a gagné.

**Variante**
On peut ajouter une difficulté qui rend le jeu plus attrayant en ajoutant au dé indiquant la direction un dé de 1 à 3 points ou de 1 à 5, le joueur avançant dans la direction indiquée d'autant de cases qu'il y a de points sur le dé.

conjonction
et autant que

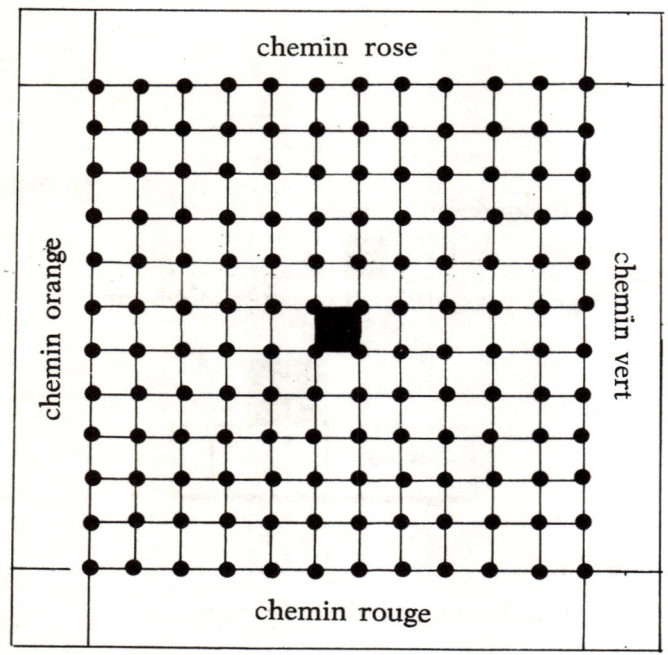

# Le loto des chiffres

A partir de 5 ans.

**Matériel par enfant**
— 5 cartes format 4 cm × 4 cm sur lesquelles l'enseignant a écrit les chiffres de 1 à 5 ;
— 1 support format 4 cm × 20 cm comprenant 5 cases où sont inscrits les chiffres de 1 à 5 ; exemple : 1 dé sur lequel sont inscrits les chiffres de 1 à 5, plus une face vierge.

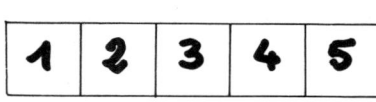 

**Joueurs :** de 2 à 4.

**But du jeu :** remplir le premier sa carte.

**Déroulement du jeu**
— toutes les cartes sont disposées en vrac sur la table ;
— le premier joueur, tiré au sort, distribue 1 support à chaque enfant puis jette le dé ;
— il cherche sur la table la carte correspondant à l'indication du dé et la pose sur son support ;
— les autres joueurs font de même ;
— un joueur passe son tour s'il tombe sur la case vierge du dé ou si la face du dé indique une carte déjà posée.

Le premier qui a rempli sa carte a gagné.

**Variante :** ce jeu peut se faire avec des lettres, des couleurs, dessins géométriques, etc.

**Objectifs**

approche de la graphie des chiffres

notion d'équivalence

# Le loto des lettres

**Matériel**
— 4 cartes de 6 lettres chacune.
— pions de scrabble ou de diaminos : l'exemplaire de chaque lettre se trouvant sur les cartes.

**Joueurs** : de 2 à 4.

**But du jeu** : recouvrir le premier sa/ses carte(s) avec les pions correspondants.

**Déroulement du jeu**
— mélange des pions (faces cachées) au centre par les joueurs ;
— tirage au sort d'1 carte support (de 2 cartes si 2 joueurs) ;
— détermination du premier joueur ;
— chaque joueur, à son tour, pioche un pion, le retourne et observe s'il possède une graphie semblable sur son support ;
— si oui, il pose ce pion à l'endroit correspondant de sa carte ;
— si non, il dépose ce pion au centre des joueurs, face visible ;
— celui qui possède cette lettre sur sa carte prend le pion et le dispose.

Le premier joueur à avoir rempli sa carte avec tous les pions correspondants a gagné.

**Objectifs**

discrimination
formes
équivalence

appartenance ou
non-appartenance
à un ensemble

notion d'ensemble

| A | M | N | | C | G | D | | E | F | H | | B | R | J |
|---|---|---|---|---|---|---|---|---|---|---|---|---|---|---|
| V | W | Y | | O | P | Q | | K | Z | T | | U | S | L |

# Le sac de lettres

A partir de 5 ans.

**Matériel**
4 fois 4 lettres identiques à choisir parmi les lettres d'un jeu de diamino : A, E, I, O, R, U ; ou celles d'un jeu de scrabble : A, E, I, L, N, O, R, S, T, U (ou celle d'un jeu de LEXICON).

**Joueurs** : 4 obligatoirement.

**But du jeu** : réunir le premier une famille de 4 lettres identiques : 4 A ou 4 E.

**Déroulement du jeu**
— pose des pions, faces cachées au centre de la table et mélange de ceux-ci par les joueurs ;
— chacun des 4 joueurs choisit 4 pions qu'il place verticalement de façon à les voir mais sans les dévoiler à ses voisins de jeu ;
— tirage au sort du premier joueur ;
— le premier joueur, en observant son jeu de lettres, donne au joueur suivant la lettre ne l'intéressant pas dans la formation de la famille désirée ;
— chaque joueur à son tour fait de même ;
— quand un joueur réunit une famille complète de 4 lettres identiques, il frappe sur la table pour arrêter le jeu, montre sa famille de lettres.

Si elle est acceptée par les autres joueurs, il a gagné.

Dans la tradition lorsque le joueur frappe sur la table, les autres doivent faire de même, et le dernier à réagir prend comme pénalité un pion témoin. Au bout de plusieurs parties, c'est le joueur totalisant le moins de pénalités qui l'emportera.

**Objectifs**

notion d'ensemble

stratégie

# L'atout-lettres

A partir de 5 ans.

**Matériel**
Un jeu de lexicon (ou un jeu de scrabble) : donner seulement le nombre de cartes correspondant au nombre de joueurs, à raison de 6 cartes par joueur et choisir les lettres les plus courantes, marquées par un chiffre de faible valeur ; cette quantité peut varier pour changer la difficulté.

**Joueurs** : de 2 à 4.
*Position* : assis l'un à côté de l'autre.

**But du jeu** : se débarrasser le premier de toutes ses cartes.

**Déroulement du jeu**
— le meneur de jeu, tiré au sort, distribue 5 cartes à tous les participants et sera le premier joueur ;
— chacun observe les lettres reproduites sur ses cartes en évitant de les montrer aux autres joueurs ;
— le premier joueur pose une carte sur la table ;
— chaque joueur dépose une carte identique s'il la possède, sinon il passe son tour ;
— quand le tour est effectué le premier joueur met de côté sa paire de cartes ;
— le deuxième joueur dépose alors une carte de son choix ;
— les autres joueurs font comme précédemment, et ainsi de suite.
Le joueur gagnant est celui qui ne possède plus de carte.

**Variante**
Avec les pions du scrabble :
— utiliser 6 lettres de chaque classe : T, A, S, E, N, R, O, U, I ;
— distribuer tous les pions.

**Objectifs**

approche de la graphie des lettres : sensibilisation à l'écrit

notion d'équivalence

notion d'ensemble

# Le mistigris des lettres

A partir de 5 ans.

**Matériel**
— 1 lettre unique +
— 16 couples de lettres (identiques 2 à 2) dans un jeu de scrabble, diamino, lexicon ; ou selon le matériel : 4 × 8 ou 4 × 16 lettres différentes.

**Joueurs** : de 2 à 4.

**But du jeu** : ne pas posséder, en dernière carte, la lettre unique.

**Déroulement du jeu**
— poser et mélanger les pions (ou cartes) au centre des joueurs ;
— prendre chacun à son tour 1 lettre (1 carte) de façon à ce qu'il n'y en ait plus sur la table ;
— disposer ses propres pions de façon à ce qu'ils soient visibles pour soi-même et cachés pour les autres joueurs ;
— faire le maximum de couples de lettres identiques en les déposant faces visibles au centre des joueurs ;
— tirage au sort du premier joueur ;
— chaque joueur à son tour fait tirer 1 pion (ou 1 carte) parmi ceux qui lui restent au joueur suivant ;
— celui-ci essaie, à l'aide de ce nouvel élément, de former un couple avec ses lettres, et ainsi pour chacun des joueurs ;
— si un joueur n'a plus de lettres, il s'écarte du jeu, il a gagné ;
— le jeu continue jusqu'à ce que tous les couples de lettres soient construits et exposés sur la table ;
— le dernier joueur à posséder la lettre unique a perdu, les autres joueurs peuvent lui attribuer un gage.

**Objectifs**

notion d'équivalence de forme

# L'alphabet-circuit

**Matériel**
— 1 piste « Alphabet » ;
— 27 « pions-lettres » diamino ou scrabble (1 par lettre) ;
— 2 dés numérotés de 1 à 6 ;
— 1 pion différencié par joueur.

**Joueurs** : de 2 à 4.
*Position* : côte à côte, face au jeu.

**But du jeu** : posséder plus de lettres que les autres joueurs.

**Déroulement du jeu**
— tous les pions sont au centre de la piste, faces visibles ;
— les joueurs placent les « pions-lettres » sur la case correspondante ;
— tirage au sort du premier joueur ;
— chaque joueur, à son tour, lance les dés et choisit d'avancer son pion d'autant de cases qu'indiquent les points :
. sur un dé,
. ou sur l'autre dé,
. ou sur la somme des deux dés,
et cela en l'annonçant aux autres joueurs ;
— si la case où se pose son pion contient une lettre, il la prend ;
— lorsque toutes les lettres sont prises, les joueurs comparent le nombre de leurs pièces.

Le joueur en possédant le plus a gagné.

**Objectifs**

discrimination visuelle

équivalence formes

notion de cardinal

correspondance terme à terme : autant que

stratégie : notion intérieur-extérieur

comparaison d'ensembles

comparaison terme à terme

**Remarque** : on peut simplifier le jeu en ne se servant que d'un seul dé, mais le jeu devient plus long, et à la fin, assez lassant.

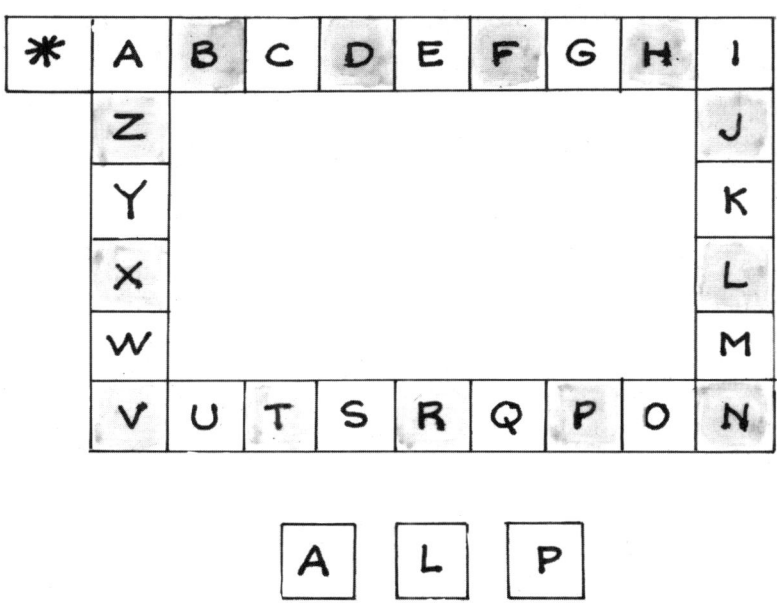

# Le memory-lettres

A partir de 5 ans.

**Matériel**
A partir d'un jeu de scrabble ou de diamino prendre 6 à 10 couples de lettres différents (1 couple : 2 lettres identiques).

**Joueurs** : de 2 à 4.

**But du jeu** : réaliser plus de mariages (couples) que les autres joueurs.

**Déroulement du jeu**
— les lettres (faces cachées) sont dispersées et mélangées au centre des joueurs ;
— tirage au sort du 1er joueur ;
— chaque joueur à son tour retourne 2 pions :
. s'ils sont identiques, il les prend ;
. s'ils sont différents, il les laisse en les reposant dans la situation initiale ;
— chaque joueur essaie de repérer et de se souvenir de l'emplacement des lettres retournées ;
— quand tous les couples ont été formés et qu'il n'en reste plus au centre, on compare le nombre de couples formés par chacun des joueurs.

Celui qui en possède plus que les autres joueurs a gagné.

**Objectifs**

notion d'équivalence, de non-équivalence

repérage, mémorisation

correspondance terme à terme entre les notions d'ensemble

notions : plus que moins que

Les jeux didactiques 149

# Le kim des lettres

**Matériel**
— pions de scrabble ou de diaminos ; prendre les lettres du jeu dont il existe au moins 3 exemplaires, par exemple le A ou le E ;
— 3 grilles de 6 cases ou de 4 cases ;
. 1 grille par joueur + 1 grille témoin ;
— 1 cache pour la grille témoin.

**Objectifs**

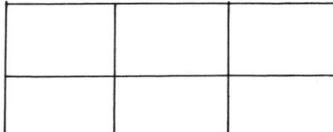

**Joueurs** : 2 — A et B — placés côte à côte et face à la grille témoin.

**But du jeu** : se souvenir d'un nombre de lettres plus important que son adversaire.

**Déroulement du jeu**
— partager les grilles : 1 pour A ; 1 pour B, et une grille témoin ;
— assembler les lettres de même graphie par séries de 3 ;
— partager chaque série comme suit :
. 1 lettre pour le joueur A,
. 1 lettre pour le joueur B,
. 1 lettre pour la « pioche » ;

notion d'équivalence

discrimination visuelle

— chaque tas de lettres est retourné (faces cachées), le tas de A, celui de B et la pioche ;
— chaque joueur, à son tour, prend 1 pion de la pioche et le pose lettre visible dans une des cases de la grille témoin ;
— quand les cases de la grille témoin sont remplies (1 lettre par case) les deux joueurs visualisent celle-ci dans le but de la mémoriser ;     notion d'ensemble mémorisation
— au moment décidé par les deux joueurs, un cache est posé sur la carte témoin, cachant les pions à retrouver ;
— chacun des joueurs essaie alors de reconstituer avec ses propres pions la grille témoin :     notion d'appartenance ou de non-appartenance à un ensemble
. soit en graphies,
. soit en graphies et positionnement de celles-ci ;     repérage — quadrillage
— au signal d'un des joueurs qui pense avoir fini de reconstituer la grille témoin, on vérifie les grilles de chacun des deux joueurs à l'aide de celle-ci ;     Idem —
— les lettres erronées sont ôtées.

Les joueurs comparent le nombre des lettres restantes. Celui qui a le plus de lettres exactes a gagné.     correspondance terme à terme : plus que ; moins que

# Le portrait-lettres

A partir de 5 ans.

**Matériel**
Dans un jeu de diamino ou de scrabble prendre
— 2 séries identiques de lettres différentes, exemple pour le scrable : chaque série comprend : A, B, C, D, E, F, G, H, I, L, M, O N, P, R, S, T, U, V ;
— 2 grilles de 3 colonnes ; sur 15 rangées, chaque case ainsi délimitée permettant de poser à l'intérieur des cartes de 2 cm × 2 cm ;
— 4 lots de cartes de 2 cm × 2 cm, représentant les graphies

et *orientables grâce à un repère* (ici : un trait gras en bas de chaque carte) ;
— des pions de deux couleurs (30 de chaque couleur), une couleur signifiant : *oui* ; l'autre couleur signifiant : *non*.

**Joueurs** : 2 joueurs plus 1 meneur (la maîtresse).

**But du jeu** : découvrir le premier la lettre cachée par le meneur de jeu.

**Déroulement du jeu**  **Objectifs**
— chaque joueur prend une série de lettres ; séries qui peu- notion d'ensemble
vent être séparées à l'avance (sinon les joueurs forment des
couples de lettres identiques et quand tous les couples sont
formés, les joueurs prennent une lettre de chaque sorte) ;
— le meneur de jeu pense à une lettre du jeu et la dessine
en se cachant sur une feuille de papier ;
— tirage au sort du premier joueur ;
— chaque joueur, à tour de rôle, dépose dans la première
case de la colonne « questions », en haut et à gauche, la carte
de son choix (en mettant bien le trait gras dans le bas) en
posant la question : « Est-ce que la lettre que tu caches possède le trait ? »
— le meneur de jeu répond verbalement et pose à côté du
trait un jeton de la couleur correspondant au « oui » ou
au « non » ;

        oui ○
        non ●

— chaque réponse du meneur de jeu permet au joueur de
se servir de la série de lettres qu'il possède
. soit pour éliminer,
. soit pour élire certaines lettres.
Exemple : pour ▨ ▣ (oui), le joueur triera toutes les lettres notion
renfermant cette graphie, c'est-à-dire : A, M, V. d'appartenance
— pour une réponse négative : exemple : ⊟ ● (non), le et de
joueur éliminera de sa série de lettres l'ensemble des lettres non-appartenance
possédant cette graphie, c'est-à-dire : E, F, G, H, L, T ; notion
— quand un des joueurs croit avoir découvert la lettre cachée, de sous-ensembles
il la dépose dans la troisième colonne, dans la case voisine conjonction : et
de la dernière réponse du meneur ;
— si la lettre déposée est identique à la lettre cachée, le joueur notion
a gagné ; d'équivalence
— si la lettre déposée est différente, le jeu se poursuit.
Le premier joueur à découvrir la lettre cachée a gagné.

**Remarques** : En parallèle, il serait utile de proposer (comme
exercice) de constituer différents ensembles, chacun renfermant telle ou telle graphie, à l'aide des pions et des cartes
« graphies ».

Exemple : constituer l'ensemble des lettres possédant la graphie

⊃   B O P R S

C   C G O S

\   A K M N R V X

⊐   A E F G H L T

questions / fond blanc
réponses / fond noir
lettres proposées / fond rouge

| | | |
|---|---|---|
| / | ○ | |
| \ | ○ | V |
| ⊐ | ● | |
| 1 | ○ | |
| II | ○ | M |

etc., et de se rendre compte que chaque lettre peut appartenir simultanément à plusieurs ensembles et ainsi d'approcher la notion d'intersection des ensembles.

# Les plateaux de la balance

**Matériel**
— 1 balance à 2 plateaux ;
— 8 petits pots de verre avec couvercle peints de même couleur et remplis 2 à 2 par environ 1/4, 1/2, 3/4 et 4/4 de sable, de telle sorte que les plateaux s'égalisent entre les deux contenants d'un même volume.

**Objectifs**

## 1. Trouver le même

**Joueurs** : de 2 à 4.

**But du jeu** : apparier le premier 2 à 2 des pots de même poids.

**Déroulement du jeu**
— l'ensemble des pots est disposé au centre de la table ;
— tirage au sort du premier joueur ;
— chaque joueur, à son tour, prend un pot qui servira de pot référence et essaie de l'apparier à un autre de même poids en les soupesant (sans les secouer : indice bruit) ;
— quand ce joueur, après plusieurs essais croit avoir trouvé le pot de même poids, il vérifie son hypothèse avec la balance.

notions sensorielles de différents poids

notion d'équivalence même poids que

## 2. Trouver l'ordre

**Joueurs** : 2.

**But du jeu** : ordonner le premier 4 pots par poids croissants (ou décroissants).

**Déroulement du jeu**
— les joueurs font des appariements de pots 2 à 2 en vérifiant avec la balance ;

notion d'équivalence : même poids que

— puis ils prennent 1 pot de chacun des 4 appariements. **Objectifs**
— chacun essaie d'ordonner ses pots par ordre de poids croissants (ou décroissants) par tâtonnements ;
— lorsqu'un joueur croit avoir trouvé l'ordre des pots, il arrête le jeu ;
— les joueurs vérifient alors cet ordre à l'aide de la balance : notion d'ordre
. si l'ordre est bon, le joueur prend un jeton,
. sinon il donne un jeton à son adversaire,
. entre chaque jeu, les joueurs mélangent leurs pots,
. au bout de plusieurs jeux, on compare le nombre de jetons. correspondance terme à terme

## 3. Trouver l'intrus

**Matériel**
— 1 balance à 2 plateaux ;
— 1 boîte de jetons ;
— par joueur :
. 1 boîte contenant des pots d'apparence identique et lestés avec le même matériau ;
. 4 pots de même poids ;
. 1 pot de poids nettement différent (suivant les possibilités des enfants).

**Joueurs** : 2 à 4.

**But du jeu** : totaliser le premier un nombre x de jetons.   notion de cardinal

**Déroulement du jeu**
— chaque joueur possède une boîte contenant 5 pots lestés ;
— au signal, qui peut être la fin d'une comptine chantée en commun, chaque joueur essaie, parmi son jeu de pots, de trouver l'intrus ; notion de moment juste
— quand un joueur croit avoir trouvé le pot différent, il arrête le jeu, il vérifie, avec les autres joueurs et à l'aide de la balance, que ce pot est bien un intrus qui n'établira l'équilibre avec aucun de ses autres pots ; notions sensorielles moins lourd que plus lourd que aussi lourd que
— si le joueur gagne son pari, il prend un jeton ;
— si le joueur s'est trompé, il donne un jeton à chacun des autres joueurs ;
— entre chaque jeu, les joueurs mélangent les pots dans leur boîte et s'échangent celles-ci.

# L'apprenti souffleur

A partir de 4 ans.

**Matériel**
— 1 carte ou feuille de papier 21 × 29,7 sur laquelle est dessiné un chemin d'environ 3 cm de large ; cette mesure peut varier selon l'âge et la dextérité des enfants ;
— 1 jeton.

**Joueurs** : de 2 à 4.

**But du jeu** : faire arriver son jeton le premier au bout du chemin.

**Déroulement du jeu**
Les joueurs posent leur jeton sur le point « départ » ;
— chaque joueur souffle sur son jeton pour le faire avancer ;
— si le jeton sort du chemin, le joueur devra le remettre sur le point « départ ».

**Objectifs**

adresse

maîtrise du souffle

limite : intérieur/ extérieur

motricité

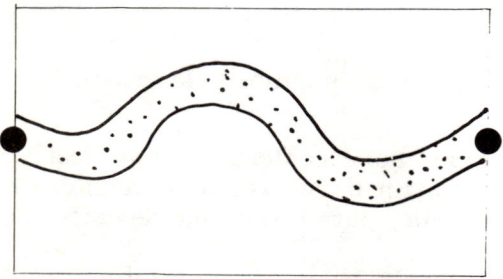

**Variantes**
— Chez les plus petits le jeton est poussé par un instrument : crayon, baguette.
— Ces chemins étant dessinés sur le sol, faire avancer le « jeton » (qui peut être un anneau, un disque) avec ses pieds (les plus grands peuvent sauter à cloche-pied en marquant des temps de repos, les plus petits marchent) ; ou avec un bâton.

# *Portrait*

**Matériel** : aucun.

**Joueurs** : groupe classe.
*Position* : en cercle.

**But du jeu :**
*pour le joueur désigné* : découvrir l'enfant de la classe choisi en secret (pendant qu'il s'était retiré) par le groupe de classe.
*pour le groupe* : ne pas répondre seulement par oui ou par non, mais par une phrase répétitive, affirmative ou négative :
par exemple :
D. : a-t-elle des bottes ?
R. : Oui, elle a des bottes.

**Déroulement du jeu**
— parmi les volontaires, tirage au sort de l'enfant qui devra deviner le nom de celui qui sera choisi en secret par le groupe ;
— le joueur désigné sort du local tandis que le groupe détermine son choix sur l'enfant à reconnaître (par choix tacite, ou par tirage au sort) ;
— le choix effectué, le groupe appelle le joueur ;
— le joueur pose des questions au groupe, afin de trouver des indices et reconnaître ainsi l'enfant choisi ;
— le groupe répond par des phrases complètes ;
— quand le joueur croit avoir deviné de quel enfant il s'agit, il énonce son nom ;
— le meneur n'a droit qu'à trois réponses ;
— au-delà il doit subir un gage donné par le groupe s'il n'a pas trouvé la bonne réponse.

Le joueur a gagné quand il a donné une bonne réponse.

# Oui ou non ?

**Matériel**
*au début*, un contenant : boîte, carton, panier, sac, un objet à découvrir ;
*plus tard*, on peut se passer de ce matériel, l'objet pouvant devenir un personnage réel ou imaginaire, connu de tous les enfants.

**Joueurs** : le groupe classe.
**Position** : en cercle.

**But du jeu** : découvrir le premier, à l'aide d'un questionnement, l'objet caché ou choisi par le meneur de jeu.

**Déroulement du jeu**
— le meneur de jeu cache ou choisit un objet ;
— les joueurs lui posent des questions afin d'identifier l'objet ;
— les questions peuvent être formulées librement ou emprunter une forme imposée (exemple : commencer par une forme rituelle : « Est-ce que... ? ») ;
— le meneur de jeu n'a droit de répondre que par oui ou par non.

Le premier joueur qui a trouvé le nom de l'objet a gagné.

**Objectifs**

syntaxe :
emploi
de la forme
interrogative

# Les répétitions

**Joueurs** : petit groupe de 4 à 5 enfants (maximum 10).
**Position** : en cercle.

**Objectifs**

**But du jeu** : répéter le plus vite possible, le plus de fois possibles une phrase difficile à prononcer.
Exemples de phrases, transmises par la tradition :
. *Un chasseur sachant chasser, doit savoir chasser sans son chien.*
. *Il était une fois une marchande de foie qui vendait du foie dans la ville de Foix. Elle se dit ma foi, c'est la première fois que je vends du foie dans la ville de Foix.*
. *Ton thé t'a-t-il ôté ta toux ? Oui, mon thé m'a ôté ma toux.*
. *Didon dîna dit-on du dos dodu d'un dodu dindon.*
. *Les chemises de l'archiduchesse sont-elles sèches, archisèches ? Oui, duchesse, elles sont sèches, archisèches.*
. *Si 6 scies scient 6 saucissons secs, 606 scies scient 606 saucissons secs.*
etc.

**Déroulement du jeu**
— le meneur de jeu décide d'une phrase ;
— il l'énonce lentement ;
— chacun à leur tour les joueurs essaient de la répéter correctement.

exercer
l'appareil
phonatoire

gymnastique
phonétique

Le premier qui a réussi a gagné.
Il s'agira ensuite de la répéter chacun à son tour, plusieurs fois et de plus en plus rapidement.

exercer
la mémoire

Inciter les enfants à créer leurs propres phrases.

# Le téléphone

A partir de 4 ans.

**Matériel** : aucun.

**Joueurs** : une dizaine d'enfants.
**Position** : en cercle.

**But du jeu** : comprendre et transmettre très rapidement en le chuchotant à son voisin, un message impliquant une action qui devra être exécutée par le dernier récepteur de la chaîne.

**Déroulement du jeu**
— tirage au sort du premier joueur ;
— le premier joueur (la maîtresse en début de jeu) chuchote le plus rapidement possible une phrase assez longue à son voisin de gauche, exemple : « Pierre (dernier joueur) doit se lever et faire des grimaces » ;
— celui-ci transmet à son tour ce qu'il a compris du message à son propre voisin de gauche et ainsi de suite...

Le dernier joueur doit exécuter l'action demandée par le message et répéter celui-ci.

**Objectifs**

attention auditive

transmission
compréhension
mémorisation
d'un message

Achevé d'imprimer le 30 juin 1986
sur les presses de
l'Imprimerie Carlo Descamps
à Condé-sur-l'Escaut
Dépôt légal : janvier 1984
N° d'imprimeur : 4259
N° d'éditeur : 281